Easy 시리즈 **11** 쉽게 배워 톰나게 활용하는

문제 해결 능력을 키우는

스크래치
Scratch

YseLab

와이셀랩은 우리나라의 소프트웨어 교육을 연구하는 모임입니다. '소프트웨어 바르게 가르치기'라는 연구목적을 가지고 활동하고 있으며 매월 소프트웨어 교육연수를 진행하고 있습니다. 원하는 사람이면 누구든지, 장소에 구애 없이 어디서나 소프트웨어를 배우고 꿈을 키우기를 희망합니다.

▶연구회 비전

'소프트웨어 바르게 가르치기'
'소프트웨어로 따뜻해지는 세상'

▶ 연구활동

1. 다양한 연수 프로그램 운영
2. CT(Computational Thinking)기반의 소프트웨어 교육 연구
3. 교재 및 교구 개발
4. 교육과정 개발

▶ 연구회 연수 문의

yselab@naver.com

▶ 코딩전문가 자격증

한국소프트웨어융합진흥협회
www.kswca.com

▶ 코딩강사 양성과정 교육일정

한국소프트웨어융합센터(http://blog.naver.com/codedu)

▶ 문의

codedu@naver.com

BM 성안당
www.cyber.co.kr

Easy 시리즈 ⑪ 쉽게 배워 돋보게 활용하는

문제 해결 능력을 키우는

스크래치
Scratch

2015. 6. 30. 초   판 1쇄 발행
2017. 3. 15. 개정증보 1판 1쇄 발행
2017. 10. 13. 개정증보 1판 2쇄 발행
2019. 3. 15. 개정증보 1판 3쇄 발행

저자와의
협의하에
검인생략

지은이 | 장수정
펴낸이 | 이종춘
펴낸곳 | BM 주식회사 성안당
주소 | 04032 서울시 마포구 양화로 127 첨단빌딩 5층(출판기획 R&D 센터)
      10881 경기도 파주시 문발로 112 출판문화정보산업단지(제작 및 물류)
전화 | 02) 3142-0036
      031) 950-6300
팩스 | 031) 955-0510
등록 | 1973. 2. 1. 제406-2005-000046호
출판사 홈페이지 | www.cyber.co.kr
내용 문의 | computing899@gmail.com
ISBN | 978-89-315-5592-9 (13000)
정가 | 17,000원

이 책을 만든 사람들
책임 | 최옥현
진행 | 최창동, 최재석
감수 | YseLab
본문 디자인 | 인투
표지 디자인 | 박원석
홍보 | 정가현
국제부 | 이선민, 조혜란, 김혜숙
마케팅 | 구본철, 차정욱, 나진호, 이동후, 강호묵
제작 | 김유석

www.cyber.co.kr
성안당 Web 사이트

■ 도서 A/S 안내

성안당에서 발행하는 모든 도서는 저자와 출판사, 그리고 독자가 함께 만들어 나갑니다.
좋은 책을 펴내기 위해 많은 노력을 기울이고 있습니다. 혹시라도 내용상의 오류나 오탈자 등이
발견되면 **"좋은 책은 나라의 보배"**로서 우리 모두가 함께 만들어 간다는 마음으로 연락주시기
바랍니다. 수정 보완하여 더 나은 책이 되도록 최선을 다하겠습니다.
성안당은 늘 독자 여러분들의 소중한 의견을 기다리고 있습니다. 좋은 의견을 보내주시는 분께는
성안당 쇼핑몰의 포인트(3,000포인트)를 적립해 드립니다.

잘못 만들어진 책이나 부록 등이 파손된 경우에는 교환해 드립니다.

이 책은 이렇게 만들어 졌습니다.

문제 해결 능력을 키우는 스크래치~

이 책은 단순히 스크래치의 기능을 익히는 기존의 책과는 다릅니다. 스스로 생각하고 생각을 정리하고, 표현하고, 수정하는 과정을 통해 생각이 움직일 수 있도록 구성하였습니다.

소프트웨어교육으로 배양할 주요 핵심 능력은 논리적 사고력, 창의적 사고력, 문제 분석 능력을 말하고 있습니다. 이 주요 3가지 사고력을 포함하는 컴퓨터적 사고력을 향상시키는 것이 소프트웨어교육의 목적이라고 할 수 있습니다. 이 책은 컴퓨터적 사고력을 향상시킬 수 있도록 학습 설계하고 집필되었습니다.

생각하기의 학습모형을 보면

동작 : 문제를 파악하고 분해하면서 문제를 분석하는 능력을 길러줍니다.

설계 : 분석한 문제를 알고리즘화 하는 방법을 익힙니다. 알고리즘은 문제해결 과정을 다른 사람에게 이해시키기 위해 나름대로 기호화하고 추상화하는 과정을 거칩니다. 추상화란 불필요한 부분을 제거하고 공통된 특성끼리 묶는 것을 말합니다.

구현 : 실제로 코딩을 통해 유형화해보면서 설계한 알고리즘의 움직임을 살펴보게 됩니다.

수정 : 구현한 코딩을 실행하면 오류가 발생하여 동작을 안 하는 경우가 생깁니다. 이때 오류를 찾아 수정·실행하고 다시 오류를 찾아 실행하는 반복을 통해 학생들은 가장 효율적인 해결방법을 고민하고 적용하면서 가장 최적의 방법으로 문제를 해결하는 능력이 길러집니다.

응용 : 응용을 통해, 그리고 또 다른 문제를 도출하고 설계와 구현하는 과정을 다시 거치면서 사고의 확장을 가져올 수 있습니다.

이 5단계 과정을 통해 소프트웨어교육의 주요 핵심 능력인 논리적 사고력, 창의적 능력, 문제 분석 능력을 포함하는 컴퓨터적 사고력을 키우게 될 것입니다.

저자 장수정

자료 다운로드(DOWNLOAD)

easy 시리즈의 소스/정답 파일과 무료동영상 강의 파일은 성안당 사이트(www.cyber.co.kr)에서 다운로드 받을 수 있습니다.

① 'www.cyber.co.kr'에 접속하여 로그인(아이디/비밀번호 입력)한 후 [자료실]을 클릭합니다.

② [자료실]에서 시리즈명(easy)을 입력하고 검색한 후 도서 제목을 클릭하여 파일을 다운로드 합니다.

책의 특징

● 미리 알아보기
이번 장에서 배울 내용의 주요 학습 개념을 알아봅니다.

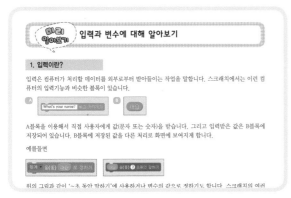

● 블록 익히기
미리 알아보기에서 학습한 개념을 실제로 동작하게 하는 블록들을 통해 기능을 익힙니다.

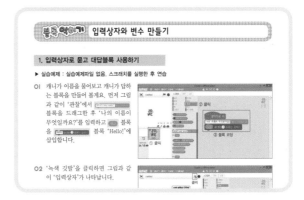

● 생각하기
개념을 이해하고 블록의 동작도 알았다면 실제로 주어진 문제를 해결하면서 이해한 개념과 익힌 블록들을 활용할 수 있는지 확인합니다.

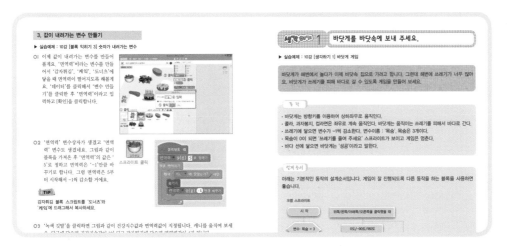

● 내 작품 만들기
스스로 문제를 분석하고 설계하고 구현하는 프로젝트 수업을 통해 여러분의 창의력이 쑥쑥 올라갈 것입니다.

수업 계획 가이드

■ 방과후 학교 교재 사용

방과후 학교 선생님들이 학교 수업에 사용할 경우 편리하게 수업할 수 있도록 구성되었습니다.
(1차시 100분 수업)
한 장은 최대 2차시까지 수업할 수 있는 내용입니다.
총 12장으로 구성된 본 교재는 24차시(1차시 100분 수업 기준) 수업 분량으로 6개월 동안 수업할 수 있습니다.

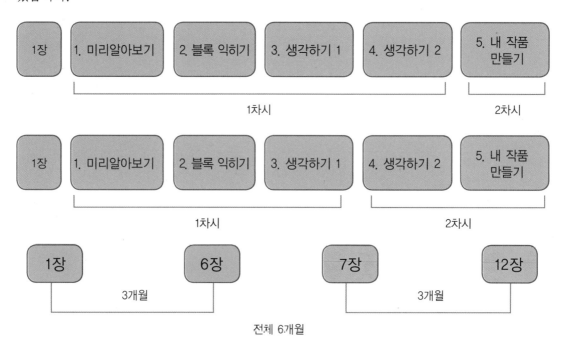

■ 초, 중, 고등학교 교재 사용

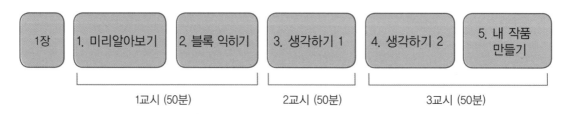

한 장을 위 그림과 같이 학생의 이해도에 따라 2교시 또는 3교시 수업이 가능합니다.

■ 기타 교육기관

교육기관의 수업성격에 따라 수업을 계획할 수 있습니다

■ 가정에서 스스로 학습

각 장은 스스로 학습이 가능하도록 코딩과 각 부품에 대한 설명이 자세하게 집필되어 집에서 교재를 보면 학생 또는 성인이 학습하도록 구성되어있습니다.

■ 교육지원 블로그
• 본 교재에 대한 수업자료 및 문제해결을 아래 블로그에서 제공됩니다.
• 스크래치 코딩 블로그 : http://blog.naver.com/codedu(한국소프트웨어융합센터) 블로그에서 상단에 '스크래치 코딩' 클릭

■ 교육 문의
• codedu@naver.com
• 한국 소프트웨어 융합 센터 : http://blog.naver.com/codedu
• 소프트웨어 교육 일정 : http://blog.naver.com/codedu/220929864573

목 차

목 차

목 차

캐니를 움직여라!

스프라이트를 이동, 회전하고, 방향을 바꿀 수 있다.

 [동작] 팔레트의 이동, 회전, 방향전환

체크포인트

미리 알아보기

스크래치 화면을 살펴 봅니다.

블록 익히기

1. 스프라이트를 이동해 봅니다.
2. 스프라이트를 회전하고 방향을 바꾸어 봅니다.
3. 스프라이트의 정보를 변경하고 추가, 삭제, 복사, 크기 조절을 해봅니다.

생각하기

생각하기 1 – 캐니가 방향을 바꾸어 이동하도록 만들어 봅니다.
생각하기 2 – 캐니가 회전하면 이동하도록 만들어 봅니다.
생각하기 3 – 캐니가 회전, 방향을 바꾸어 이동하도록 만들어 봅니다.

내 작품 만들기

유령이 방향키를 이용하여 원하는 곳을 마음대로 움직일 수 있도록 만들어 봅니다.

화면구성에 대해 알아 보겠습니다.

❶ 무대 : 결과가 보여지고 동작의 실행이 보여지는 곳입니다.

❷ 스프라이트 창 : 개체를 보여주는 곳으로 개체 이름을 '스프라이트'라고 합니다. 새로운 스프라이트를 삽입 또는 삭제할 수 있습니다.

❸ [스크립트] 탭 : 스크립트를 누르면 블록 상자에 각 범주별로 블록이 모아져 있고 오른쪽에 스크립트 창이 보입니다.

❹ 스크립트 창 : 블록을 쌓아서 코딩하는 곳입니다.

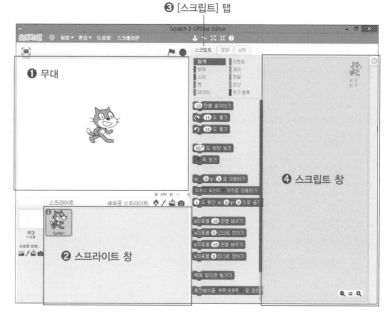

❺ [모양] 탭 : [모양] 탭을 누르면 스프라이트에 포함된 다른 모양을 확인할 수 있고 그림판에서 스프라이트의 모양을 변경할 수도 있고 원하는 스프라이트를 그릴 수 있습니다.

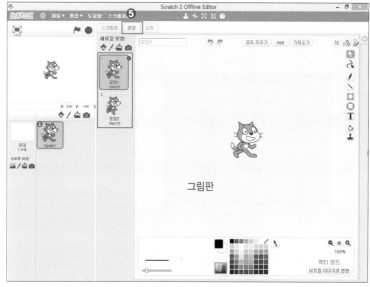

❻ [소리] 탭 : [소리] 탭에서는 스프라이트에 소리를 삽입할 수 있습니다.

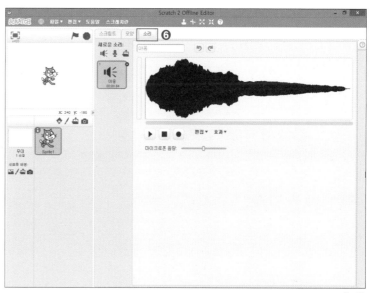

1. 스프라이트를 움직이고 명령블록을 삭제하기

OI '동작'을 선택하고 10만큼 움직이기 를 '스크립트창'으로 드래그한 후 블록을 더블클릭합니다. 오른쪽으로 10만큼 이동합니다.

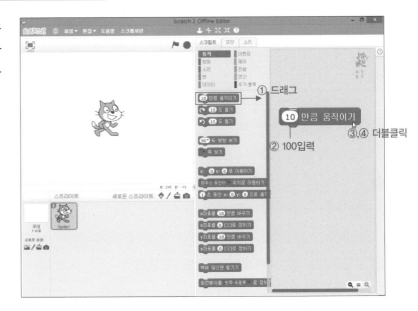

TIP

스크래치에서 스프라이트는 항상 오른쪽을 보도록 정해져 있습니다. 그래서 스프라이트는 앞으로 이동할 때 오른쪽으로 이동합니다. 블록을 클릭할 때마다 고양이(Sprite1)는 앞으로 이동하고 고양이의 x좌표 값이 10씩 증가합니다.

O2 블록의 '10'을 '100'으로 입력하고 블록을 클릭하면 고양이는 더 많이 이동합니다. 고양이가 X좌표로 100씩 이동합니다.

TIP

입력된 10, 100은 좌표값을 말합니다. 현재 위치에서 100좌표 만큼 이동합니다.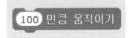

O3 '-100'으로 입력해 보세요. 고양이는 뒤로 이동합니다.

TIP

x좌표값도 -100만큼 바뀝니다. 스크래치에서 스프라이트는 오른쪽 방향을 보도록 정해져 있으므로 뒤로 가기 위해서는 숫자에 -값을 주어야 합니다.

04 블록을 삭제하기 위해서는 블록을 블록상자 영역으로 드래그 합니다.

2. 스프라이트를 회전하고 방향 바꾸기

01 '동작'에서 15도 돌기 블록을 스크립트로 드래그한 후 블록을 더블클릭합니다. 고양이가 오른쪽으로 15도씩 회전합니다.

TIP

에서 ℹ를 클릭해 보세요. 고양이의 정보가 보입니다. 고양이의 방향은 90도로 지정되어 오른쪽으로 정해져 있습니다. 회전방식은 360도 회전으로 되어 있습니다.

15도 돌기 블록을 클릭할 때마다 오른쪽으로 15도씩 회전하고 방향은 15도 만큼 바뀝니다.

회전방식 설명

❶ 방향의 각도에 맞게 스프라이트가 360도 회전합니다.

❷ 스프라이트는 180도만 회전하여 좌우 방향만 됩니다.

❸ 방향의 각도가 변경되어도 스프라이트는 회전하지 않습니다.

02 ↺ 15 도 돌기 블록을 가져온 후 더블클릭하면 왼쪽으로 15도씩 회전합니다.

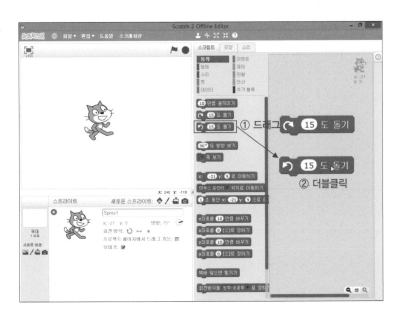

03 블록상자에서 90▾ 도 방향 보기 를 더블클릭하면 캐니는 원래대로 되돌아 갑니다.

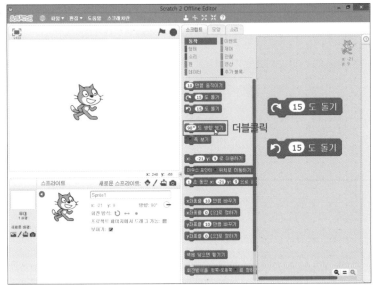

04 오른쪽 각도는 '30', 왼쪽 각도는 '60'을 입력한 후 캐니를 회전해 봅니다.

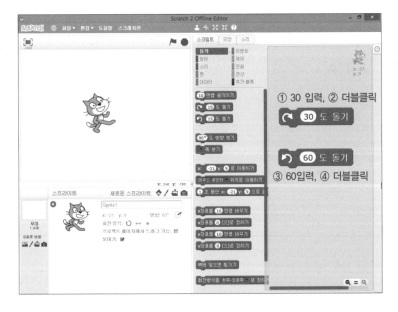

05 스프라이트의 방향을 변경해 보겠습니다. 먼저 '90도 방향보기'에 목록 단추를 클릭합니다.

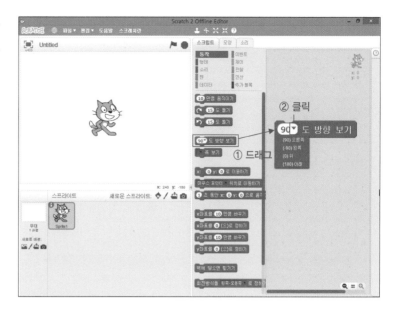

06 다음과 같이 선택하여 캐니의 변하는 방향을 확인합니다.

블록	결과	방향 정보

 TIP

방향보기 블록에 ⟳ⓘⓢ ⓭ 블록을 사용할 경우

3. 스프라이트 이름 바꾸기, 추가하기, 복사하기, 삭제하기, 크기 조절하기

01 스프라이트 이름 바꾸기를 해봅니다. 에서 를 클릭한 후 입력상자에서 변경합니다.

02 스프라이트 추가를 해봅니다. (저장소에서 스프라이트 선택)을 클릭하고 '스프라이트 저장소' 에서 원하는 모양을 선택한 후 [확인]을 클릭합니다.

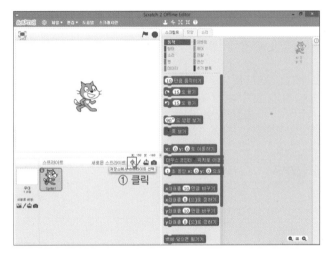 

03 (새 스프라이트 색칠)을 클릭한 후 그림판 에서 원하는 모양을 그리거나 글씨를 입력할 수 있습니다.

04 (스프라이트 파일 업로드하기)를 클릭하고 내 컴퓨터에 있는 원하는 사진을 선택한 후 삽입할 수 있습니다. (사진위치 : 1강/실습예제/딸기.jpg)

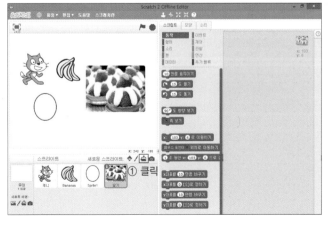 

05 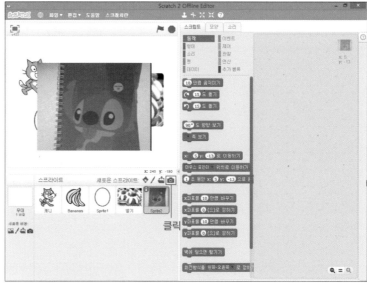 (카메라로부터 새 스프라이트 만들기)를 클릭한 후 '카메라'에서 '저장하기'를 클릭합니다.

TIP

컴퓨터에 카메라가 장착된 경우
에만 사진을 찍을 수 있습니다.

06 스프라이트의 크기를 조절해 보겠습니다. '벡터로 변환하기'를 클릭합니다.

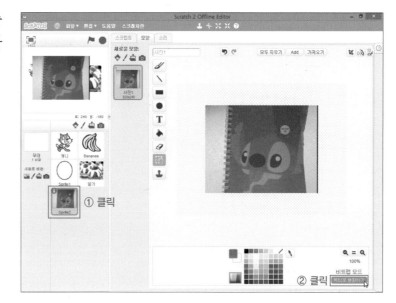

① 클릭

② 클릭

07 (선택하기)를 클릭한 후 그림을 선택하면 크기 조절점이 생깁니다. 크기 조절점을 이용하여 크기를 조절합니다.

① 클릭

② 크기 조절점 드래그

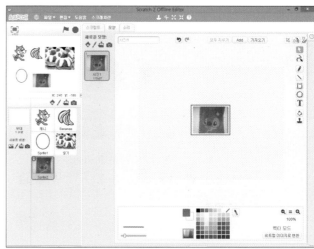

08 스프라이트 삭제를 해보겠습니다. 삭제하고 싶은 스프라이트에서 마우스 오른쪽을 클릭한 후 '삭제'를 클릭합니다.

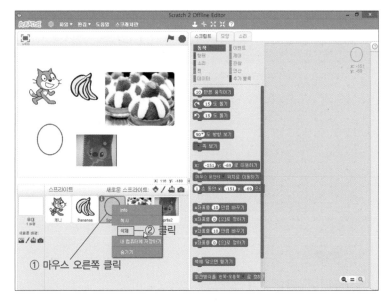

09 스프라이트를 복사해 보겠습니다. 복사하고 싶은 스프라이트에서 마우스 오른쪽을 클릭한 후 '복사'를 클릭합니다.

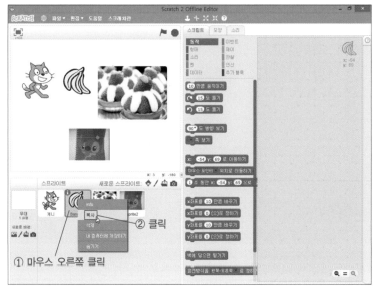

무대배경 삽입하기

🖼(저장소에서 배경선택)을 클릭한 후 원하는 배경을 선택합니다.

'입력란'에서 배경의 제목을 변경할 수 있습니다. (x)를 눌러 배경을 삭제할 수 있습니다.

그림 그리는 캐니

▶ 실습예제 : 스크래치에서 '만들기'를 클릭하여 시작합니다.

동작

• 방향키를 이용하여 캐니를 상하좌우로 움직이도록 합니다.
• 펜 스크립트를 이용하여 펜 색, 굵기, 명암을 지정합니다.

01 생각하기 1 | 따라하기

1) 상하좌우로 움직이기

01 키보드의 '오른쪽 화살표' 키를 누르면 캐니가 앞으로 움직이게 해봅시다. 가져온 스페이스 ▼ 키를 눌렀을 때 블록에서 '스페이스' 글자 옆의 작은 화살표 ▼를 클릭하면 다양한 키보드 버튼으로 바꿀 수 있습니다. '오른쪽 화살표' 키로 바꿔줍니다.

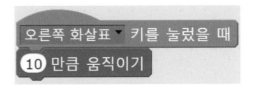

O2 키보드의 오른쪽 화살표를 눌러 캐니가 움직이는지 확인해 봅시다.

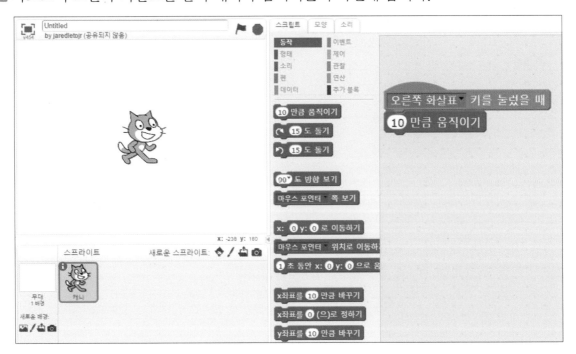

O3 이제 캐니가 왼쪽으로도 갈 수 있도록 코딩해 봅시다.

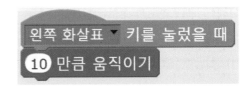

O4 키보드의 왼쪽 화살표 키를 눌러 캐니가 왼쪽으로 움직이는지 확인해 봅니다. 그런데 캐니가 계속 오른쪽으로 움직이는군요! 왜 그럴까요? 캐니에게 아직 움직이는 '방향'을 알려주지 않았기 때문입니다. 그럼 이제 캐니에게 '왼쪽 방향'으로 움직이라고 알려줍니다. '동작' 스크립트에서 **90˚도 방향 보기** 를 가져옵니다.

05 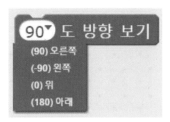 에서 90 옆의 작은 화살표 ▼를 누르면 여러 가지 방향을 선택할 수 있습니다. 키보드의 왼쪽 화살표 키를 누르면 캐니가 '왼쪽 방향'으로 갈 수 있도록 '(-90)왼쪽'을 선택하고 다음과 같이 코딩해 줍니다.

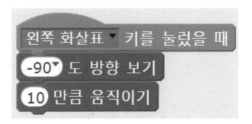

06 같은 원리로 이번에는 '위쪽 화살표'를 누르면 위쪽 방향으로 움직이고, '아래쪽 화살표'를 누르면 아래쪽 방향으로 움직이도록 해봅니다. 다음과 같이 코딩해 줍니다.

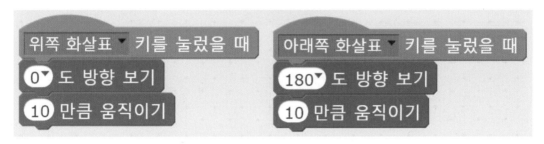

07 이제 캐니는 상하좌우로 자유롭게 움직일 수 있습니다. 그런데 왼쪽으로 캐니가 움직일 때 뒤집혀져 있죠? '동작' 스크립트에서 회전방식을 왼쪽-오른쪽 로 정하기 블록을 가져와 다음과 같이 코딩해 보세요.

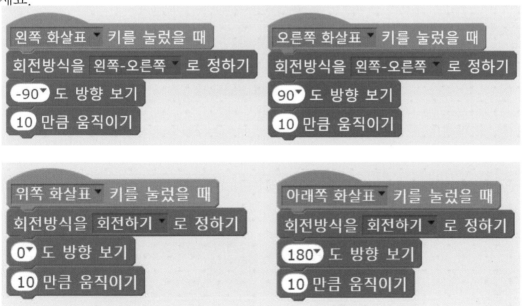

🔖 **TIP**

캐니는 회전방식이 360도로 되어있어서 왼쪽으로 움직일 때 뒤집히게 됩니다. 좌우로 움직일 때는 360도 회전이 아닌 180도 회전이 되어야 하고 상하로 움직일 때는 360도 회전을 해야 캐니가 움직이는 방향을 바라보면서 움직이게 됩니다.

캐니가 움직이면 그림이 그려져요

01 '펜' 스크립트에서 [펜 내리기] 블록을 찾아 '캐니' 스프라이트에 다음과 같이 코딩합니다.

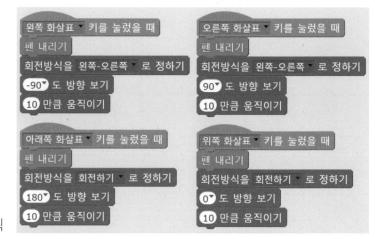

스프라이트 클릭

02 이제 키보드의 화살표 키를 눌러 캐니를 움직여 봅시다. 캐니가 움직이는 길을 따라 그림이 그려지는 것을 확인할 수 있습니다.

03 지금은 펜 색깔이 파란색이죠? 펜 색깔도 원하는 대로 자유롭게 바꿀 수 있답니다. 펜 색깔이 바뀌도록 해봅시다. '펜' 스크립트에서 [펜 색깔을 ▢ (으)로 정하기] 블록을 가져와 나음과 같이 코딩합니다.

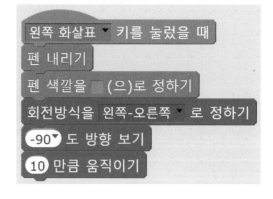

04 파란색으로 된 '색 팔레트'를 선택하고 현재 화면에서 보이는 색 중 원하는 색을 클릭합니다. 빨간색을 선택합니다.

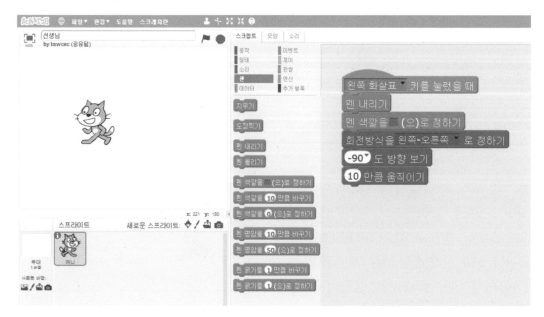

05 색 팔레트가 빨간색으로 바뀝니다. 왼쪽 방향키를 누르면 빨간색 펜으로 그림을 그리는 캐니가 완성됩니다.

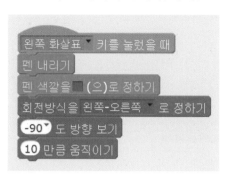

06 위와 같은 방법으로 색 팔레트 블록을 삽입하여 원하는 색으로 지정해봅니다.

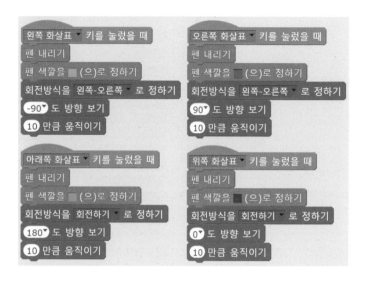

펜 색깔 정하기와 바꾸기

펜 색은 팔레트 블록 외에 [펜 색깔을 0 (으)로 정하기] 와 [펜 색깔을 10 만큼 바꾸기] 가 있습니다. '정하기' 블록은 숫자를 직접 입력하여 색을 지정합니다. 0~200까지 범위에서 다양한 색을 지정할 수 있습니다. '바꾸기' 는 캐니가 움직일 때마다 숫자가 증가하기 때문에 다양한 색을 표현하며 그림이 그려집니다.

07 이번에는 펜의 굵기를 변경하겠습니다. '펜' 스크립트에서 '굵기' 블록을 가져와 다음과 같이 블록을 삽입한 후 숫자를 '5' 로 변경한 후 '왼쪽' 방향키를 눌러서 그림을 그려봅니다. 숫자가 클수록 펜의 굵기는 굵어집니다.

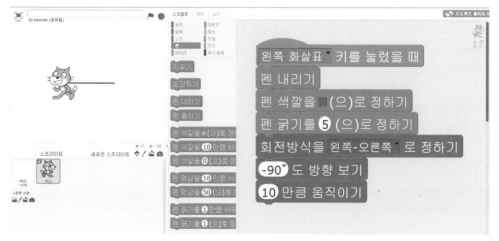

08 이제 명암을 조절하는 블록을 사용하겠습니다. '명암' 정하기 블록을 드래그하여 다음과 같이 삽입한 후 그림을 그려봅니다. 밝기가 밝아져 흐린 빨간색의 그림이 그려집니다.

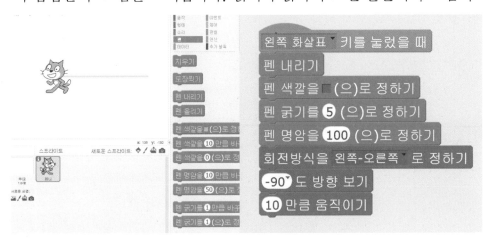

09 다른 방향키에도 굵기, 색, 명암 블록을 삽입하여 멋진 그림을 그리는 캐니를 만들어 봅니다. 아래 Tip을 잘 읽고 '바꾸기' 블록에 대해 이해한 후 바꾸기 블록을 사용하여 더 멋진 그림을 그릴 수 있습니다.

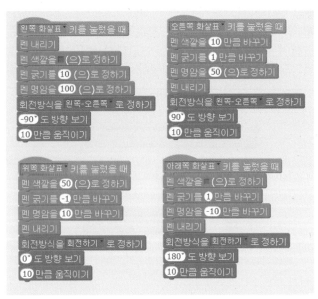

TIP

펜 굵기의 정하기와 바꾸기

'펜 굵기 정하기' 블록은 정해진 숫자로 굵기가 고정되어 그림이 그려지고, 바꾸기는 캐니가 움직일 때마다 입력한 숫자만큼 숫자가 변경되어 굵기가 점점 커지거나 점점 작아지면서 그림이 그려집니다. −5라고 입력하면 −5만큼 숫자가 작아져서 굵기가 점점 작아지는 그림이 그려집니다

명암블럭의 숫자표시에 따른 명도차이

명암블럭은 밝고 어두움의 차이입니다. 빨간색에 명암의 숫자가 커지면 밝아져 색이 흐려지고 숫자가 작으면 색이 어두워집니다. 색을 원래의 명암으로 되돌리고 싶으면 명암블럭을 스크립트에서 삭제한 후 그림을 그리면 됩니다.

명암의 정하기와 바꾸기

명암 정하기는 정해진 명암수치로 그려지고 바꾸기는 명암이 입력한 값으로 변경되어 그려집니다. 명암 정하기와 바꾸기가 제대로 표현되기 위해서는 색 블록은 수치값을 입력하는 01-17 블록을 사용해야 합니다.

그림지우기와 스프라이트 복제하기

그림지우기 다음과 같이 코딩한 후 키보드의 '스페이스 바'를 누르면 그림이 지워집니다.

도장찍기 블럭은 스프라이트가 복사되는 기능입니다. 'A' 키를 누르면 캐니 스프라이트가 복제됩니다.

내 작품 만들기

내 마음대로 움직여라!

▶ **실습예제 : 1강 [내 작품 만들기] 내 마음대로 움직여라**
방향키를 이용해서 원하는 곳이면 어디든지 이동하는 캐니를 만들어 봅니다.

동작

- 오른쪽 방향키를 누르면 캐니는 오른쪽으로 이동합니다.
- 왼쪽 방향키를 누르면 캐니는 왼쪽으로 이동합니다.
- 위쪽 방향키를 누르면 캐니는 위쪽으로 이동합니다.
- 아래쪽 방향키를 누르면 캐니는 아래쪽으로 이동합니다.

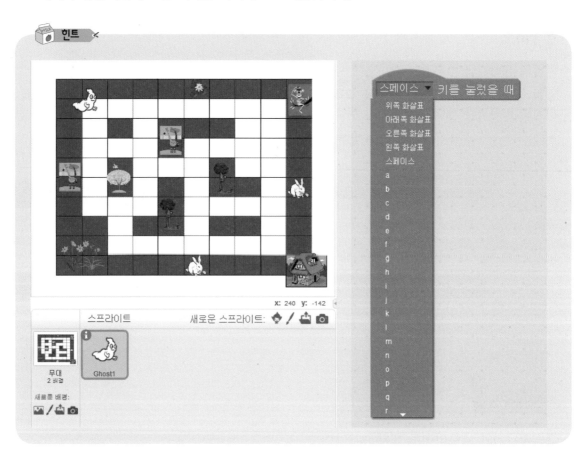

작품을 만들기 전에 한 번 생각해 봅니다. 아래 표에서 단계별 지침을 잘 읽고 '생각 적기'에 적어 보세요.

단계	지침	생각 적기
1단계 분석	이 작품의 주요한 동작은 무엇인가요? 그리고 결과는 무엇일까요?	
2단계 설계	진행할 순서를 적어 보세요. 자유롭게 적어 봅니다.	
3단계 구현	위에 설계한 내용을 스크립트 화면에 직접 블록을 쌓아서 만들어 보세요.	
4단계 수정	실행이 잘 되었나요? 안되었다면 무엇이 문제일까요? 잘 생각한 후 수정해 보세요.	
5단계 응용	실행이 잘 되었군요! 잘했습니다. 그럼 이 작품에 무엇을 더 추가해서 만들어 볼까요? 먼저 추가하고 싶은 내용을 적어 보세요. 그리고 스크래치에서 블록을 쌓은 후 실행해 보세요.	

먹이를 찾아라!

스프라이트를 원하는 위치로 이동할 수 있다.

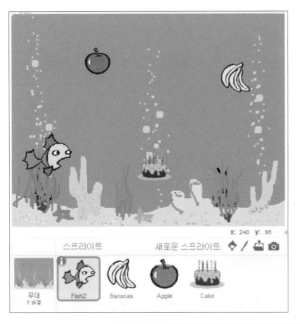

y좌표를 10 만큼 바꾸기

x좌표를 10 만큼 바꾸기

x좌표를 0 (으)로 정하기

y좌표를 0 (으)로 정하기

x: 0 y: 0 로 이동하기

1 초 동안 x: 0 y: 0 으로 움직이기

 체크포인트

미리 알아보기

무대의 좌표를 이해하고 코딩에 적용하는 방법을 알아봅니다.

블록 익히기

1. X좌표와 Y좌표를 이해하여 캐니를 움직여 봅니다.
2. 원하는 곳의 좌표를 알아보고 캐니를 움직여 봅니다.

생각하기

생각하기 1 – 먹이의 좌표를 찾아서 물고기에게 먹이를 줍니다.
생각하기 2 – 점의 좌표를 찾아서 연필이 별을 그리도록 합니다.

내 작품 만들기

옷장에 있는 옷과 물품을 캐니에게 입혀줍니다.

 **좌표에 대해 알아보기**

좌표가 무엇일까요?

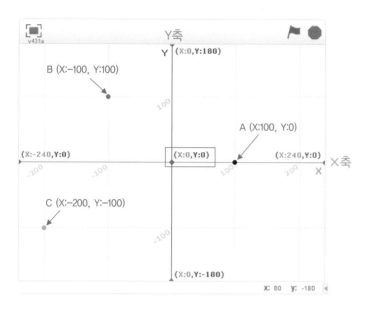

가로를 X축, 세로를 Y축 이라고 합니다. 무대 중앙의 X는 0, Y는 0의 값을 가지고 있어요.

무대 중앙에서 오른쪽은 X값이 양수(+)이고 왼쪽은 Y값이 음수(-)입니다.

무대 중앙에서 위쪽은 Y값이 양수(+)이고 왼쪽은 Y값이 음수(-)입니다.

자~ 그럼 그림의 A 검은 점이 있는 좌표값은 얼마일까요? X: 100, Y: 0

그림의 B 빨간 점이 있는 좌표값은 얼마일까요? X: -100, Y: 100

그림의 C 초록색 점이 있는 좌표값은 얼마일까요? X: -200, Y: -100

좌표값을 쉽게 알 수 있는 방법은 없을까요?

우선 마우스포인터의 좌표값과 스프라이트의 좌표값을 알 수 있습니다.

마우스를 움직이면 마우스포인터 좌표값이 무대의 오른쪽 아래에 표시됩니다. 마우스를 움직일 때 마다 좌표값이 바뀝니다.

스프라이트의 좌표값은 스크래치 전체 화면에서 맨 오른쪽에 표시됩니다. 캐니스 프라이트를 움직여 원하는 위치로 이동해 보세요. 캐니의 좌표값이 표시됩니다.

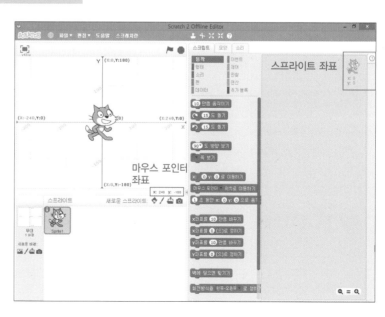

 **좌표를 이용하여 캐니 움직이기**

1. x좌표, Y좌표값으로 이동하기

▶ 실습예제: 2강 [블록익히기 1] XY좌표로 이동하기

01 [동작] 팔레트에서 `x: 0 y: 0 로 이동하기` 를 스크립트로 드래그합니다. 아래 표를 보고 X와 Y의 값을 입력한 후 블록을 더블클릭해서 결과를 확인합니다.

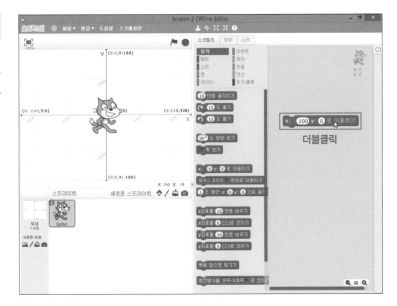

사용 블록	내용	결과 화면	고양이 좌표값
`x: 100 y: 0 로 이동하기`	캐니가 중앙에서 오른쪽으로 100만큼 이동		x: 100 y: 0
`x: 0 y: 100 로 이동하기`	캐니가 중앙에서 위쪽으로 100만큼 이동		x: 0 y: 100
`x: -100 y: 0 로 이동하기`	캐니가 중앙에서 왼쪽으로 100만큼 이동		x: -100 y: 0
`x: 0 y: -100 로 이동하기`	캐니가 중앙에서 아래쪽으로 100만큼 이동		x: 0 y: -100

2. 원하는 위치로 이동하기

▶ 실습예제: 2강 [블록익히기 2] 원하는 위치로 이동하기

OI 캐니를 원하는 위치로 이동하면 x, y 좌표 블록의 값이 캐니가 움직인 곳의 좌표값으로 변경됩니다. 캐니를 움직일 때마다 좌표 블록의 값이 변경되는 것을 확인할 수 있습니다. 이 좌표값은 오른쪽 상단에 스프라이트의 좌표값과 같습니다.

O2 캐니를 중앙에 위치한 후 다음과 같이 코딩하고 '녹색 깃발'을 클릭하면 입력한 좌표로 캐니가 이동합니다. 그리고 '~초 동안 좌표' 블록으로 변경한 후 녹색 깃발을 클릭해 봅니다. '~초 좌표' 블럭은 자연스럽게 해당좌표로 이동합니다.

좌표 정하기와 바꾸기

`x좌표를 10 만큼 바꾸기`는 현재 좌표에서 10만큼씩 이동합니다. 캐니가 (0, 0) 위치에 있고 블록을 더블클릭하면 (10, 0) 위치로 이동하고 다시 더블클릭하면 (20, 0) 위치로 이동합니다.

`x좌표를 50 (으)로 정하기`는 현재좌표에서 X값이 50 좌표로 이동합니다. 더블클릭을 해도 X값이 50인 좌표에 캐니가 위치합니다. 입력한 숫자가 좌표값이므로 해당 좌표로 이동합니다.

물고기에게 먹이를 찾아 주세요

▶ 실습예제 : 2강 [생각하기 1] 먹이를 찾아라

물고기가 사과, 케이크, 바나나가 있는 위치를 찾아가도록 사과, 케이크, 바나나의 좌표를 입력한 후 블록을 실행해서 확인해 보세요.

동작

· 물고기가 사과, 케이크, 바나나의 위치로 이동합니다.
· 사과, 케이크, 바나나 각각 1초 동안 이동하도록 합니다.

설계 순서

1초 동안 물고기가 사과로 이동하기 → 1초 동안 물고기가 사과에서 케이크로 이동하기 → 1초 동안 물고기가 케이크에서 바나나로 이동하기

힌트

사과, 케이크, 바나나를 각각 클릭한 후 X,Y의 좌표값을 확인하여 입력합니다. '초' 값은 원하는 값을 입력하세요.

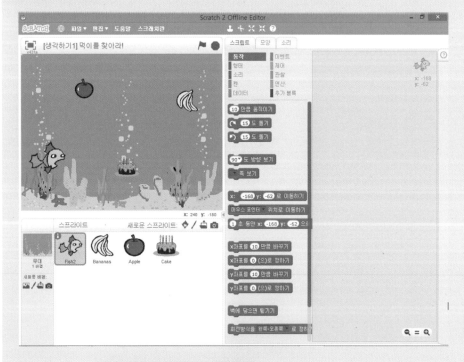

사용 블록 : 1 초 동안 x: 0 y: 0 으로 움직이기

별을 그려요

▶ 실습예제 : 2강 [생각하기 2] 별그리기

별을 그리려고 합니다. 점이 그려진 위치를 찾아서 별을 그려보세요.
'초' 값은 원하는 값을 입력하세요.

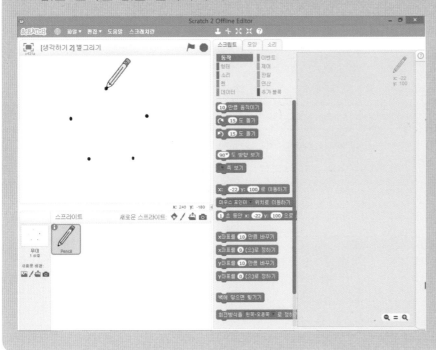

동 작

연필이 움직이면서 선이 그려집니다.

설계 순서

펜 내리기 → 1초 동안 X: (   ) Y: (   )으로 움직이기 → 1초 동안 X: (   ) Y: (   )으로 움직이기 → ...

힌 트

각 점으로 마우스를 이동한 후 점의 X, Y의 좌표값을 확인하여 입력합니다. 별을 그리기 위해서 각 점의 우선 순위를 생각해 보세요.

사용 블록 :

OI '사과'스프라이트를 클릭하면 스크립트 화면 오른쪽 위에 사과 스프라이트의 좌표값을 확인할 수 있어요. 블록에도 사과의 좌표값이 자동 입력되었습니다. 1 초 동안 x: -93 y: 96 으로 움직이기 블록을 '물고기(fish2)'스프라이트로 드래그해 보세요.

① 사과 클릭

O2 '물고기(fish2)'스프라이트를 클릭하면 드래그한 블록이 생겼죠! 블록복사입니다.

스프라이트 클릭

O3 같은 방법으로 케이크와 바나나의 좌표값이 입력된 블록을 '물고기(fish2)'에 만들어 주세요.

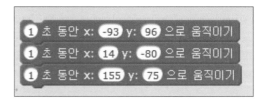

TIP

블록복사

다른 스프라이트에 있는 블록을 원하는 스프라이트에 사용하고 싶을 때 사용하면 편합니다.

물고기 스프라이트에 있는 블록을 사과 스프라이트로 드래그해 보세요. 사과 스프라이트에도 똑같이 블록이 복사되죠! 이제 사과 스프라이트에 있는 블록을 더블클릭하면 사과가 움직입니다.

01 시작점의 위치를 알아볼게요. 연필 스프라이트를 마우스로 시작점으로 가져가면 스크립트 창 오른쪽 위에 연필의 좌표값이 보입니다. 그리고, 좌표 블록의 값도 오른쪽 위 연필 좌표값으로 변경된 것을 확인할 수 있습니다. 좌표 블록을 스크립트 창으로 가져옵니다.

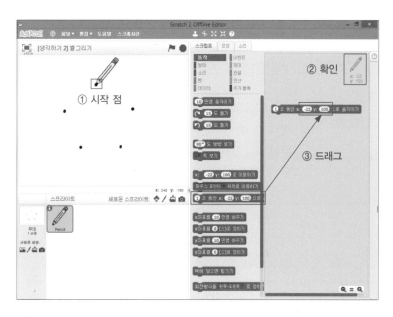

TIP

여러분이 위치한 연필 X, Y의 좌표값이 그림의 값과 다를 수 있다. 연필의 위치에 따라 조금 차이를 보입니다. 상관하지 말고 여러분이 연필 좌표값을 입력하면 됩니다.

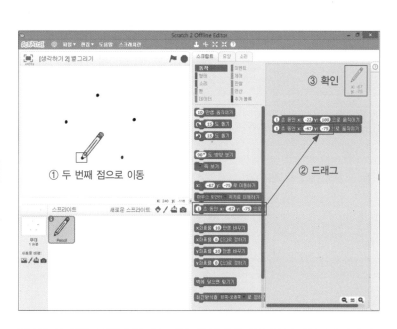

02 '연필'스프라이트를 두 번째 점의 위치로 이동하면 ○초 동안 x: ○ y: ○ 으로 움직이기 블록의 좌표값이 두 번째 점이 위치한 연필 좌표값으로 변경되죠! 스크립트 창으로 드래그하면 됩니다.

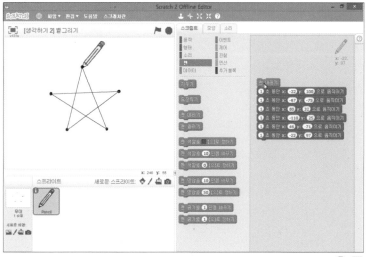

03 같은 방법으로 각 점으로 연필을 이동한 후 블록을 만들어 주세요. [펜] 블록에서 펜 내리기 를 드래그한 후 블록을 더블클릭하면 별이 그려집니다.

내 작품 만들기

캐니 옷 입히기

▶ 실습예제 : 2강 [내 작품 만들기] 캐니 옷 입히기

캐니가 마법 파티에 초대 받았어요. 무엇을 입을까 고민하고 있습니다. 캐니를 멋있게 꾸며
주세요. 옷장에는 옷과 모자, 마술봉, 망토가 있네요. 이것을 클릭했을 때 캐니가 입을 수 있
도록 만들어 주세요.

동작

· 옷장에 옷과 소품을 클릭하면 캐니에게 입혀지도록 합니다.
· Space Bar 키를 눌렀을 때 옷과 소품이 다시 옷장에 위치하도록 합니다.

힌트

작품을 만들기 전에 한 번 생각해 봅니다. 아래 표에서 단계별 지침을 잘 읽고 '생각 적기'에 적어 보세요.

단계	지침	생각 적기
1단계 분석	이 작품의 주요한 동작은 무엇인가요? 그리고 결과는 무엇일까요?	
2단계 설계	진행할 순서를 적어 보세요. 자유롭게 적어 봅니다.	
3단계 구현	위에 설계한 내용을 스크립트 화면에 직접 블록을 쌓아서 만들어 보세요.	
4단계 수정	실행이 잘 되었나요? 안되었다면 무엇이 문제일까요? 잘 생각한 후 수정해 보세요.	
5단계 응용	실행이 잘 되었군요! 잘했습니다. 그럼 이 작품에 무엇을 더 추가해서 만들어 볼까요? 먼저 추가하고 싶은 내용을 적어 보세요. 그리고 스크래치에서 블록을 쌓은 후 실행해 보세요.	

부츠신은 고양이 캐니

[모양] 창에서 원하는 그림을 그릴 수 있다.

학습 가능 | 학습 요소

[모양] 그리기 도구를 이용하여 그림 그리기

 체크포인트

미리 알아보기

비트맵과 벡터 모드에 대해 알아봅니다.

블록 익히기

1. 비트맵 모드에서 그림을 그려봅니다.
2. 벡터 모드에서 그림을 그려봅니다.

생각하기

생각하기 1 – 고양이 캐니를 멋있게 꾸며봅니다.
생각하기 2 – 자동차 경주 경기장을 그려봅니다.

내 작품 만들기

테트리스 게임을 만들어 봅니다.

비트맵과 벡터 모드의 도구에 대해 알아보기

스크래치의 그림판에서는 비트맵과 벡터 모드로 그림을 그릴 수 있지만 각각 사용하는 도구가 다릅니다. 각 모드에 사용되는 도구와 결과를 알아봅니다.

1. 화면 구성

비트맵 모드 화면

벡터 모드 화면

2. 비트맵 모드 도구 알아보기

도구명	도구 기능	결과
① 붓	붓의 굵기를 정해서 연필처럼 그린다.	
② 선	선의 굵기를 정해서 선을 그린다.	
③ 사각형	Shift 키를 누르고 드래그하면 정사각형을 그린다. 테두리만 그린다. 색이 채워진 사각형을 그린다.	
④ 원	선의 굵기를 정해서 선을 그린다.	
⑤ 텍스트 T	글씨를 입력한다. 크기 조절점으로 글자 크기 조절한다.	scratch fun fun
⑥ 색칠하기	선택한 색으로 도형 또는 그림을 채운다.	

도구명	도구 기능	결과
⑦ 지우개	삭제하고 싶은 부분을 드래그하여 지운다.	
⑧ 선택하기	크게 영역을 지정하여 그림을 이동하거나 크기를 줄일 때 사용한다.	
⑨ 영역을 선택해서 복사하기	원하는 그림 영역을 지정한 후 영역 지정한 그림을 옆으로 드래그하면 복사된다.	

3. 벡터 모드 도구 알아보기

도구명	도구 기능	결과
① 선택하기	개체(그림, 도형)를 선택한다.	
② 형태고치기	도형이나 그림의 형태를 변형한다.	
③ 펜	연필처럼 자유롭게 그릴 수 있다.	
④ 선	선을 그린다. Shift 키를 누르고 드래그하면 지선을 그린다.	
⑤ 사각형	사각형을 그린다.	
⑥ 타원	원을 그린다.	
⑦ 텍스트	글씨를 입력한다.	scratch
⑧ 색칠하기	색을 채운다.	
⑨ 복사	개체를 복사한다.	

1. 비트맵 모드에서 그림 그리기

▶ 실습예제 : 없음. 스크래치 첫 화면에서 실습합니다.

01 비트맵 모드에서 원하는 그림을 자유롭게 그려봅니다.

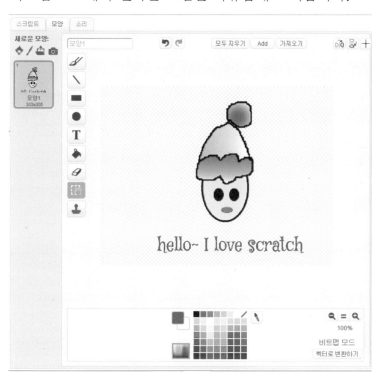

2. 벡터 모드 알아보기

▶ 실습예제 : 없음. 스크래치 첫 화면에서 실습합니다.

01 벡터 모드에서 원하는 그림을 자유롭게 그려봅니다.

1. 그림판에서 그린 그림 이렇게 사용하세요.

스크래치는 그림판을 사용할 수 있는 곳이 3군데 있어요.

① 무대의 ✎ : 무대로 사용합니다.

② 스프라이트의 ✎ : 스프라이트로 사용합니다.

③ 모양 영역의 ✎ : 스프라이트의 새로운 모양으로 사용됩니다.

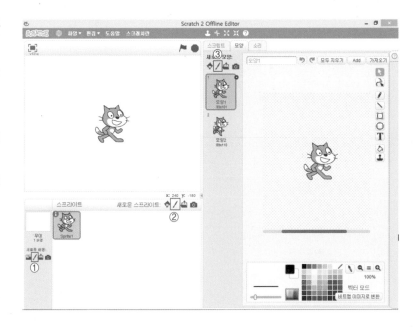

2. 비트맵과 벡터의 차이

그림을 표현하는 방법에는 비트맵과 벡터가 있으며, 둘의 차이를 표에서 확인합니다.

	벡터	비트맵
정의	그림을 좌표와 색상으로 그리며 수식으로 표현한다.	비트맵은 0과 1로 격자(grid)로 컴퓨터가 이 격자를 작은 점(픽셀)으로 변환시켜 그림으로 보여준다. 즉, 작은 점(픽셀)들이 모여서 그림을 완성한다고 보면 된다.
장점	수식을 이루어진 그림으로 확대, 축소해도 그림이 깨지지 않는다.	정교한 사진을 그릴 때 자연스러운 색의 표현이 가능하다.
단점	색의 표현이 정교하지 못하다.	여러 개의 점들로 표현되기 때문에 화면에서 이미지나 글자를 확대했을 때 매끄럽지 못한 모습을 보게 되는 것이다.
프로그램	illustrator, 3D 프로그램	대부분의 컴퓨터가 그림을 비트맵으로 저장한다. 포토샵, BMP, GIF, JPG 확장자

3. 모양 중심 설정하기

모양의 중심은 해당 스프라이트 중앙을 설정하는 곳입니다. 모양의 중심은 해당 스프라이트가 무대에 있을 때 좌표값이 됩니다.

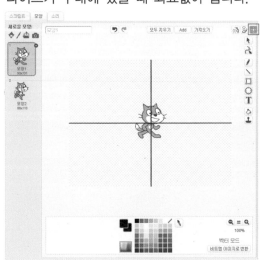

4. 무대이름 짓기

무대이름을 적으면 무대의 이름이 변경됩니다.

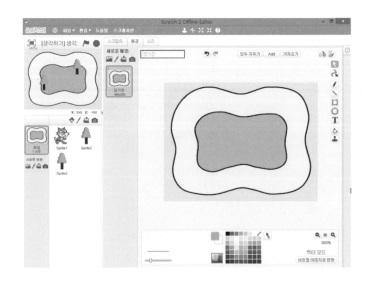

▶ 실습예제 : 3강 [생각하기 1] 부츠신은 고양이 캐니

고양이 캐니를 따뜻하게 해 주세요. '모양 저장소'에서 모자, 선글라스, 목도리를 가져옵니다.
부츠는 여러분이 직접 그려서 신겨주세요. (벡터 모드에서 그리기)

동 작

캐니 스프라이트를 클릭하고 [모양] 탭을 클릭하여 나온 그림판에서 소품을 가져오고 그림을 그립니다.

설계 순서

캐니 스프라이트 선택 → '모양' 탭 클릭 → 모자, 선글라스, 목도리 가져오기 → 부츠 그림 그리기

동 작

· 모자, 선글라스, 목도리는 Add – '모양저장소'에서 가져옵니다.
· 부츠는 그림판 화면을 확대해서 그립니다.
· 한쪽의 부츠를 그린 후 복사를 이용하여 다른 쪽의 부츠를 그리고 '회전'을 이용하여 캐니에게 신겨줍니다.

생각하기 2 | 자동차 경주 경기장 그리기

▶ 실습 예제 : 2강 [생각하기 2] 자동차 경주 경기장 그리기

자동차 경주 경기장을 만들어 봅니다. 무대로 사용할 수 있도록 그리며, '힌트'의 그림을 참고해 서 그리세요. 여러분만의 멋진 경기장을 그려봅니다.

동작

- 무대의 '배경 새로 그리기'에서 그립니다.
- 나무 스프라이트는 스프라이트 창의 '새 스프라이트 색칠'에서 그립니다.

설계 순서

무대 그리기 → 나무 그리기

힌트

- 무대의 그림판에서 그립니다.
- '형태고치기 🔧'를 이용하여 그립니다.
- 나무는 스프라이트에 있는 그림판에서 그립니다.

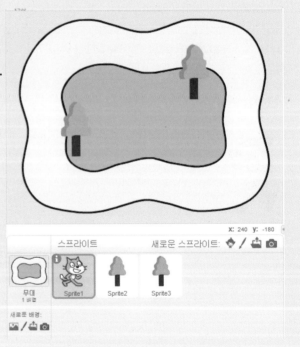

01 그림판 화면에서 Add 를 클릭합니다.

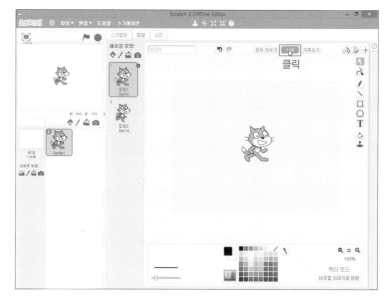

02 '모양 저장소' 창이 나타나죠! '전체 목록'에서 '물건'을 클릭한 후 'hat3'을 선택하고 [확인]을 클릭하세요.

03 같은 방법으로 '모양 저장소'에서 스카프(scarf), 선글라스(sunglass2)를 삽입해 주세요.

04 모자의 방향을 바꾸어 줄게요. 모자를 선택한 후 오른쪽 크기 조절점을 클릭한 상태에서 왼쪽으로 드래그 하세요. 모자의 좌우가 바뀌죠! 크기 조절점을 이용해서 크기도 조절해 주세요.

05 모자의 회전점을 선택한 후 왼쪽으로 돌려 보기 좋게 해주세요.

06 같은 방법으로 크기 조절점과 회전점을 사용하여 모양을 조절한 후 선글라스와 목도리도 고양이에게 씌워 줍니다.

07 이제 부츠를 그려 볼게요! '사각형' 도구 📐를 선택한 후 채워진 사각형 ▬을 선택하고 여러분이 원하는 부츠 색상을 선택하여 직사각형을 그립니다.

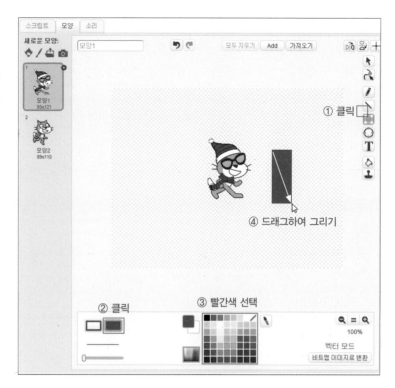

08 같은 방법으로 타원을 선택한 후 채워진 사각형 선택하고 색상을 선택한 후 드래그하여 그립니다.

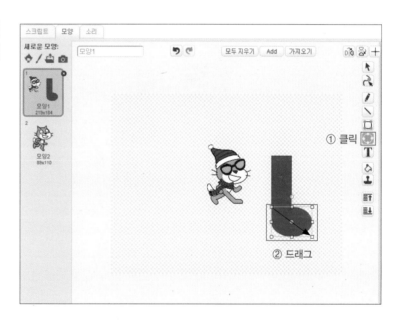

09 '선택하기' 도구를 선택하고 그린 도형이 포함되게 드래그 합니다.

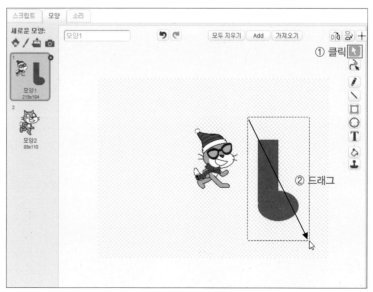

10 두 도형이 하나로 선택되었어요. 이제 '그룹화 적용' 도구를 선택하면 두 도형이 하나의 도형이 됩니다. 그룹화를 하면 선택 테두리가 주황색이 됩니다.

TIP

여러 개의 도형으로 만들어진 그림은 그룹화를 해서 하나의 도형으로 만들면 이동하거나 크기를 조절할 때 편리합니다.

11 부츠를 선택하고 '복사'를 클릭한 후 부츠를 드래그 하면 똑같은 부츠가 하나 더 생깁니다.

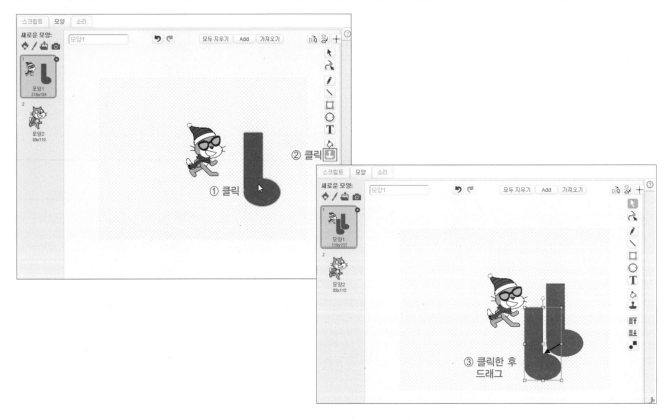

12 부츠의 크기를 조절하고 회전하여 고양이에게 부츠를 신겨주세요.

01 무대의 '배경 새로 그리기/'를 클릭
합니다.

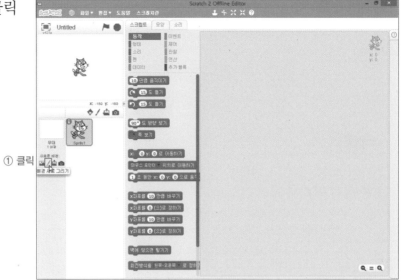

02 벡터 모드로 변환한 후 타원◯을
누르고 드래그하여 그립니다.

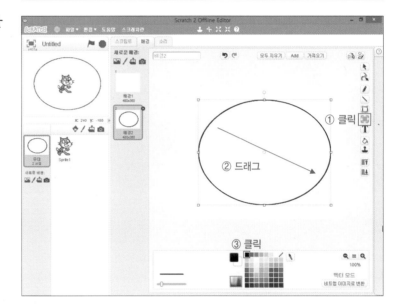

03 형태고치기⬚를 클릭하면 원의 테
두리에 동그란 변형 점◯이 생깁니
다. 이 변형 점을 클릭한 후 드래그
하면 형태를 변경할 수 있습니다.
그림처럼 원의 현태를 변경해 볼까
요?

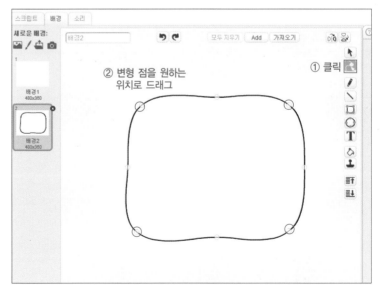

04 원하는 부분이 있는 테두리를 클릭
하면 변형 점이 추가됩니다. 모양을
더 다양하게 변형할 수 있어요.

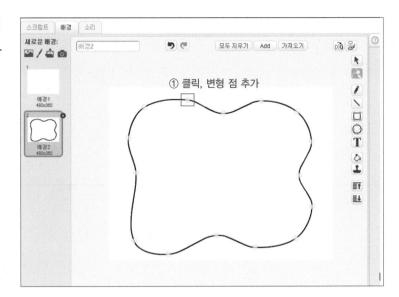

TIP

추가된 변형 점을 삭제하고 싶다면 다시
변형 점을 클릭해 보세요!

05 이제 그린 그림을 하나 더 복사할게요. 선택하기 를 클릭하고 그림을 선택한 후 복사 를 클
릭하고 다시 그림을 선택합니다.

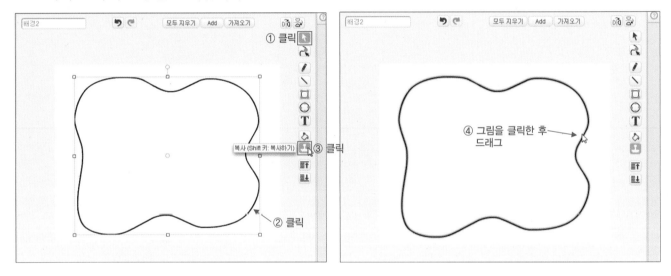

06 복사된 그림의 크기를 조절하여 그림처럼
만들어 주세요.

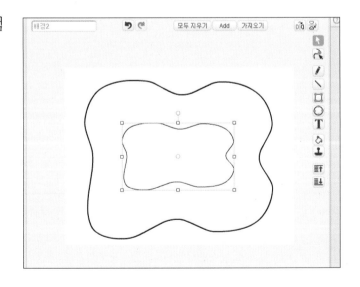

07 색칠하기를 이용해서 색을 칠해 주세요.

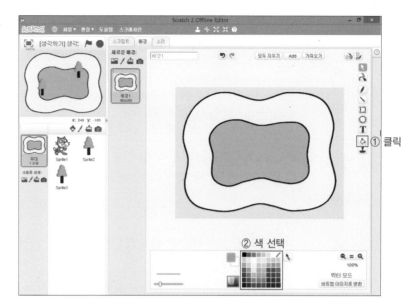

08 나무 스프라이트는 배운 내용을 활용해서 여러분이 그려볼게요!

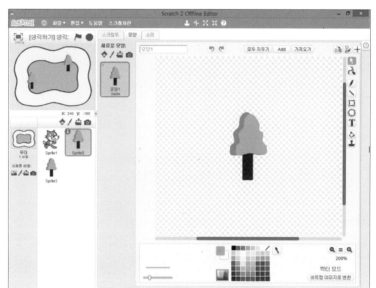

테트리스 게임 만들기

▶ **실습예제 : 3강 [내 작품 만들기] 테트리스 게임 만들기**
다음 조건에 맞게 테트리스 게임을 만들어 보세요.

동작

① 녹색 깃발을 누르면 캐니가 나타나서 게임 시작을 알리는 말을 합니다. 그리고 캐니가 숨은 후 게임이 시작됩니다.

② 방향키의 방향으로 블록을 움직이도록 하세요. 2만큼씩 움직입니다.

③ Z 키를 눌렀을 때 블록이 회전하여 모양이 바뀝니다.

④ Space Bar 키를 눌렀을 때 아래에 모양이 새겨진 후 맨 위에서 블록이 시작되도록 합니다.

⑤ X 키를 누르면 아래에 내려진 블록이 사라져서 게임이 다시 시작됩니다.

 힌트

조건은 '도장찍기' 블록과 '좌표로 이동하기' 블록 이용. 블록이 시작되는 맨 위 좌표를 확인하세요.

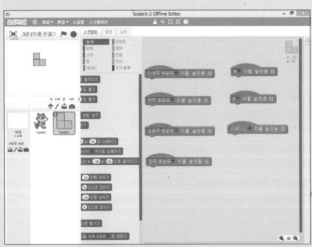

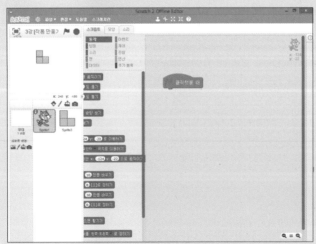

작품을 만들기 전에 한 번 생각해 봅니다. 아래 표에서 단계별 지침을 잘 읽고 '생각 적기'에 적어 보세요.

단계	지침	생각 적기
1단계 분석	이 작품의 주요한 동작은 무엇인가요? 그리고 결과는 무엇일까요?	
2단계 설계	진행할 순서를 적어 보세요. 자유롭게 적어 봅니다.	
3단계 구현	위에 설계한 내용을 스크립트 화면에 직접 블록을 쌓아서 만들어 보세요.	
4단계 수정	실행이 잘 되었나요? 안되었다면 무엇이 문제일까요? 잘 생각한 후 수정해 보세요.	
5단계 응용	실행이 잘 되었군요! 잘했습니다. 그럼 이 작품에 무엇을 더 추가해서 만들어 볼까요? 먼저 추가하고 싶은 내용을 적어 보세요. 그리고 스크래치에서 블록을 쌓은 후 실행해 보세요.	

나도 애니메이션 감독

[형태] 탭을 이용하여 이야기를 만들 수 있다.

 [형태] 블록

미리 알아보기

이야기를 만드는 방법에 대해 알아봅니다.

블록 익히기

1. 대화의 시간 간격을 생각하면서 대화하는 애니메이션을 만들어 봅니다.
2. 스프라이트의 모양이 바뀌면서 대화하는 애니메이션을 만들어 봅니다.
3. 걸어가면서 대화하는 애니메이션을 만들어 봅니다.

생각하기

생각하기 1 – 토끼와 거북이 이야기를 내 마음대로 지어봅니다.
생각하기 2 – 박쥐의 마법을 푸는 동화를 만들어 봅니다.

내 작품 만들기

여러분이 직접 지어보는 창작 스토리를 만들어 봅니다.

시나리오 쓰기

시나리오는 영화나 드라마와 같이 이야기를 쓴 각본 또는 장면, 순서를 글로 상세하게 표현하는 것을 말합니다. 배우의 행동이나 대사도 시나리오로 표현합니다.

이번 강에서는 스크래치를 이용하여 이야기를 만들어 봅니다.

그러기 위해서 시나리오를 쓰는 방법을 배워 볼게요.

배우들의 대본을 보면 여러 가지 기호들이 나옵니다.

• S#1(Scene Number) : 장면번호 ,

• E(Effect) : 효과음,

• VO(Voice Over) : 목소리만 들리기 등이 있습니다.

우리는 여러 기호들 중에서 S#1과 시나리오 쓰는 방법을 배워 보겠습니다.

> S#번호 : 장소와 상황을 설명하다.
> A : (A가 하는 동작을 설명) A의 멘트를 적는다.

이런 식으로 시나리오를 적어주면 됩니다. 예를 들어 볼게요~

> S#1 학교의 운동장에서 재석이와 하하가 축구를 하고 있다.
> 재석 : (하하를 재치고 골대로 날려가면서 골인한다.) 너는 내 상대가 안돼!
> 하하 : (땅에 주저앉고) 축구를 열심히 해서 재석이를 이길꺼야!

이렇게 만든 시나리오를 가지고 스크래치에서 블록들을 조합해서 애니메이션을 만들 수 있습니다.

S#1 성안에서 박쥐는 날아다니면서 말한다.
공주가 그 말을 듣고 있다.

박쥐 : 사람들은 나를 싫어해.

박쥐 : 나는 사람들을 해치지 않는데.

박쥐 : 나는 나쁜 짓을 해서 마법에 걸렸어.

클릭했을 때
모양을 bat1-a ▾ (으)로 바꾸기
x: 159 y: 110 로 이동하기
90˚ 도 방향 보기
사람들은 나를 싫어해... 을(를) 2 초동안 생각하기
-50 만큼 움직이기
나는 사람들을 해치지 않는데... 을(를) 2 초동안 생각하기
1 초 기다리기
-50 만큼 움직이기
모양을 bat1-b ▾ (으)로 바꾸기
나는 나쁜짓을 해서 마법이 걸렸어... 을(를) 2 초동안 생각하기

1. 대화의 시간 간격 지정하기

▶ 실습예제 : 4강 [블록익히기 1] 대화의 시간 간격 지정하기

01 태수와 지혜가 학교에서 만났습니다. 서로 대화하는 블록 코딩을 만들어 볼게요. 녹색 깃발을 가져온 후 '형태' 스크립트에서 Hello! 을(를) 2 초동안 말하기 블록을 가져온 후 다음과 같이 내용을 변경합니다.

스프라이트 클릭

02 다음엔 '지혜'가 말해야 합니다. 지혜 스프라이트를 클릭한 후 다음과 같이 블록 코딩합니다.

스프라이트 클릭

 TIP

2초 기다리기를 넣은 이유는 뭘까요? 태수가 '안녕! 지혜야'라고 2초 동안 말했습니다. 그래서 지혜는 태수가 말하는 2초 동인 기다린 후 말하는 겁니다.

03 태수와 지혜에게 다음과 같은 대화를 하도록 블록 코딩해 봅니다.

태수

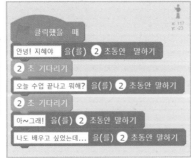

지혜

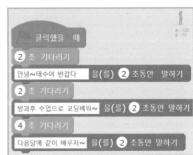

2. 모양 바꾸면서 대화하기

▶ 실습예제 : 4강 [블록익히기 2] 모양 바꾸면서 대화하기

01 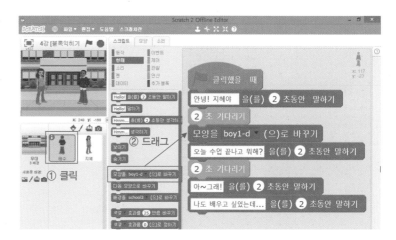 블록을 다음과 같은 위치로 삽입합니다.

02 [모양] 탭을 클릭해서 '태수' 스프라이트가 가지고 있는 다른 모양을 살펴봅니다. 그 중에서 다음 대화에 적합한 모양의 이름을 기억합니다. 여기서는 'boy 1-c'로 변경하려고 합니다.

03 목록단추를 클릭해서 'boy1-c'로 변경합니다. 같은 방법으로 모양을 boy1-d (으)로 바꾸기 블록을 가져와 다음 그림처럼 삽입한 후 모양을 변경해 주세요.

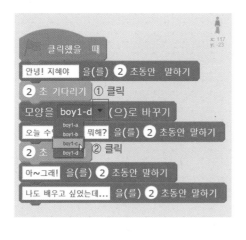 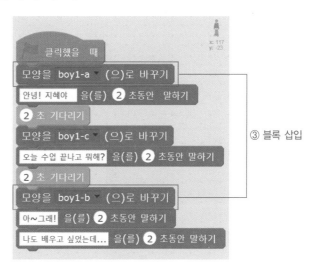

04 녹색 깃발을 클릭해 보세요. 태수가 말을 할 때마다 모양이 변경되면서 말을 합니다. 지혜의 모양은 여러분이 바꿔봅니다.

3. 걸어가고 춤추기

▶ **실습예제 : 4강 [블록익히기 3] 걸어가고 춤추기**

O1 걸어가는 '지니'를 만들어 봅니다. 지니가 가지고 있는 모양을 살펴볼게요. 그 뒤 다음과 같이 블록 코딩합니다.

③ 블록 코딩

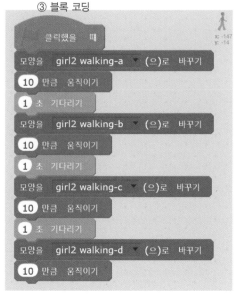

TIP

여기서 '1초 기다리기'를 넣은 이유는? '1초 기다리기' 블록이 없으면 지니가 움직이는 모습을 볼 수가 없어요. 이유는 블록을 쌓은 순서대로 한 번에 실행되어 마지막 결과만 눈에 보여 집니다. 그래서 중간에 변경되는 모양이 눈에는 보이지 않게 되죠! 그래서 '1초 기다리기'를 넣어준 겁니다. 그럼 변경되는 모양이 눈에 보이게 되죠!

O2 힙합소년이 춤을 추도록 해볼게요. 힙합소년의 모양을 확인한 후 다음과 같이 블록 코딩합니다.

③ 블록 코딩

03 자! 이제 지니와 힙합소년이 서로 대화하도록 해봅니다. 다음과 같은 내용으로 대화가 진행되도록 해볼게요.

#1 지니가 걸어간다.

#2 힙합소년이 말한다.

힙합소년 : 안녕! 내가 개발한 춤을 볼래?

#3 지니가 말한다.

지니 : 좋아!

#4 힙합소년이 춤춘다.

지니 : 음.......

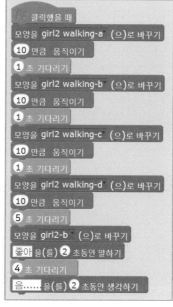

배경모양 바꾸기

무대에서 🖼을 클릭하여 '배경 저장소'에서 원하는 배경을 찾아 선택합니다.

① 클릭

② 배경 선택

③ 클릭

내가 만드는 토끼와 거북이 이야기

▶ 실습예제 : 4강 [생각하기 1] 토끼와 거북이 이야기

토끼와 거북이가 만났습니다. 토끼가 경주를 제안하네요. 과연 누가 이길까요?
각자의 세상에 하나뿐인 토끼와 거북이 이야기를 만들어 보세요.

스토리 예)

S#1 언덕으로 올라가는 길에서 토끼와 거북이가 이야기 한다.

　토끼: (생각) 오늘 심심한데 느린보 초록이랑 경주나 할까?

　거북이: (생각) 잘난 척 토토를 만나다니, 운이 안 좋군.

　토끼: 안녕 초록아 오늘 나랑 경주하자! 이긴 사람이 붕어빵 사주기!

　거북이: 그래 좋아!

　토끼, 거북이 : 시작!

S#2 토끼와 거북이는 열심히 정상으로 올라간다.

　토끼: (토끼의 모양이 바뀌면서) 으... 졌네.

　거북이 : (거북이 모양이 바뀌면서) 이겼다!

동 작

- 녹색 깃발을 클릭했을 때 시작되게 한다.
- 토끼와 거북이 이야기는 여러분이 지어봅니다.
- 토끼와 거북이가 경주할 때 모양을 변경하여 움직임이 보이도록 합니다.
- 그 외 여러분이 원하는 동작을 적용해 봅니다.

설계 순서

토끼 스프라이트

녹색 깃발을 클릭했을 때 → 배경을 토끼와 거북이 배경으로 바꾸기 → 시작위치로 가기 → 인사 대화하기 → 회전하기 → 토끼 스프라이트를 올라가는 모양으로 바꾸기 → 모양을 바꾸면서 올라 가기 → 토끼가 울고 있는 모양으로 바꾸기 → 붕어빵 배경으로 바꾸기

힌 트

생각하기 2 박쥐의 마법을 풀어라

▶ 실습예제 : 4강 [생각하기 2] 박쥐의 마법을 풀어라

어느 나라 성에 마법에 걸린 박쥐가 있습니다. 그 박쥐는 원래 왕자였는데 왕자라는 신분으로 사람들을 괴롭히고 부모님 말을 듣지 않고 놀기만 하다가 마법에 걸려 박쥐가 되었습니다. 사람들은 박쥐가 해를 끼칠 것이라 생각하고 박쥐에게 돌을 던지며 가까이 다가오지 못하게 합니다. 착한 공주는 박쥐를 불쌍하게 여겨 착한 마법사에게 박쥐의 마법을 풀어달라고 부탁합니다. 착한 마법사는 불쌍한 박쥐의 마법을 풀어줍니다. 여러분의 멋진 동화를 만들어 보세요.

> S#1 성안에서 박쥐는 날라 다니면서 말한다. 공주가 그 말을 듣고 있다.
> 　박쥐 : 사람들은 나를 싫어해.
> 　박쥐 : 나는 사람들을 해치지 않는데.
> 　박쥐 : 나는 나쁜 짓을 해서 마법에 걸렸어.
> 　박쥐 : 다시 인간이 된다면 나쁜 짓을 안 할거야 ㅠㅠ.
> 　공주 : 불쌍한 박쥐.
> S#2 공주가 마법사를 부른다. 마법사가 나타난다.
> 　공주 : (마법사에게로 다가가면서) 마법사님! 박쥐의 마법을 풀어주세요.
> 　마법사 : 네~ 공주님.
> 　공주 : 박쥐의 마법을 풀어주세요.
> 　공주 : 이제 많이 반성하고 착한 사람이 된대요.
> S#3 마법사가 마법을 부리고 박쥐가 왕자님으로 변한다.
> 　마법사 : 착한 공주님의 부탁이니 들어드리겠습니다.
> 　마법사 : 이얍!

뒤에 이야기는 여러분이 지어보세요.

동작

• 녹색 깃발을 클릭했을 때 시작되게 한다.
• 박쥐, 공주, 마법사의 이야기는 여러분이 지어봅니다.
• 박쥐가 말할 때 모양을 변경하여 움직임이 보이도록 합니다.
• 별이 마법사의 마법봉에서 박쥐에게 날아가면 박쥐가 왕자로 변합니다.
• 그 외 여러분이 원하는 동작을 적용해 봅니다.

• 이야기의 진행

박쥐가 움직이면서 말한다 → 공주가 말한다 → 마법사가 나타난다 → 마법사가 말한다 → 마법사의 마법봉에서 별이 박쥐에게 날아간다 → 박쥐가 왕자님으로 바뀐다

• 박쥐 스프라이트

녹색 깃발을 클릭했을 때 → 박쥐모양으로 바꾸기 → 오른쪽 위에서 시작하기 위해 오른쪽 위의 좌표로 이동하기 → 박쥐 말하기(#1) → 박쥐 모양 바꾸기 → 왼쪽으로 움직이기 → 박쥐 말하기(#2) → 박쥐 모양 바꾸기 → 왼쪽으로 움직이기 → 박쥐 말하기(#3) → 박쥐 모양 바꾸기 → 왼쪽으로 움직이기 → 박쥐 말하기(#4) → 박쥐 모양 바꾸기 → 왼쪽으로 움직이기 → 공주와 마법사가 대화하는 시간만큼 기다리기 → 마법구름으로 모양 바꾸기 → 2초 동안 아래로 (좌표) 내려오기 → 왕자모양으로 바꾸기

힌트

01 '거북이1' 스프라이트를 클릭한 후 다음과 같이 블록 코딩합니다.

```
클릭했을 때
배경을 토끼거북이배경 2 ▼ (으)로 바꾸기
x: 112 y: -137 로 이동하기
2 초 기다리기
잘난 척 토토를 만나다니 운이 안 좋군 을(를) 2 초동안 생각하기
5 초 기다리기
그래!! 좋아!! 을(를) 2 초동안 말하기
1 초 기다리기
시작!! 을(를) 2 초동안 말하기
60 도 돌기
-70 만큼 움직이기
모양을 거북이2 ▼ (으)로 바꾸기
1 초 기다리기
-70 만큼 움직이기
모양을 거북이1 ▼ (으)로 바꾸기
1 초 기다리기
-70 만큼 움직이기
모양을 거북이2 ▼ (으)로 바꾸기
```

```
1 초 기다리기
-70 만큼 움직이기
모양을 거북이1 ▼ (으)로 바꾸기
90 ▼ 도 방향 보기
이겼다!!! 을(를) 2 초동안 말하기
1 초 기다리기
배경을 배경1 ▼ (으)로 바꾸기
```

x: 112
y: -137

02 '토끼1' 스프라이트를 클릭한 후 다음과 같이 블록 코딩합니다.

```
클릭했을 때
모양을 토끼1 ▼ (으)로 바꾸기
x: -96 y: -133 로 이동하기
오늘 심심한데 느린보 초록이랑 경주나 할까? 을(를) 2 초동안 생각하기
3 초 기다리기
안녕! 초록아 나랑 경주하자 이긴 사람이 붕어빵 사주기! 을(를) 3 초동안 말하기
3 초 기다리기
시작!! 을(를) 2 초동안 말하기
1 초 기다리기
모양을 토끼2 ▼ (으)로 바꾸기
60 도 돌기
50 만큼 움직이기
모양을 토끼3 ▼ (으)로 바꾸기
1 초 기다리기
50 만큼 움직이기
모양을 토끼2 ▼ (으)로 바꾸기
1 초 기다리기
50 만큼 움직이기
모양을 토끼3 ▼ (으)로 바꾸기
```

```
1 초 기다리기
50 만큼 움직이기
모양을 토끼4 ▼ (으)로 바꾸기
90 ▼ 도 방향 보기
졌네...ㅜㅜ 을(를) 2 초동안 말하기
```

x:
y:

01 박쥐를 클릭한 후 다음과 같이 블록 코딩합니다.

```
클릭했을 때
모양을 bat1-a ▼ (으)로 바꾸기
x: 159 y: 110 로 이동하기
90 ▼ 도 방향 보기
사람들은 나를 싫어해.. 을(를) 2 초동안 생각하기
-50 만큼 움직이기
나는 사람들을 해치지 않는데... 을(를) 2 초동안 생각하기
1 초 기다리기
-50 만큼 움직이기
모양을 bat1-b ▼ (으)로 바꾸기
나는 나쁜짓을 해서 마법이 걸렸어... 을(를) 2 초동안 생각하기
1 초 기다리기
-50 만큼 움직이기
모양을 bat1-a ▼ (으)로 바꾸기
다시 인간이 된다면 나쁜짓을 하지 않을 텐데.. 을(를) 2 초동안 생각하기
```

```
1 초 기다리기
-50 만큼 움직이기
모양을 bat1-b ▼ (으)로 바꾸기
25 초 기다리기
모양을 모양1 ▼ (으)로 바꾸기
2 초 동안 x: 111 y: -68 으로 움직이기
90 ▼ 도 방향 보기
모양을 prince ▼ (으)로 바꾸기
공주님 마법사님 감사합니다. 을(를) 2 초동안 말하기
이제 어려운 사람을 도와주고 착하게 살겠습니다. 을(를) 2 초동안 말하기
```

02 공주를 클릭한 후 다음과 같이 블록 코딩합니다.

```
                                                    x: -15
                                                    y: -85
클릭했을 때
x: 153 y: -88 로 이동하기
90 ▼ 도 방향 보기
11 초 기다리기
불쌍한 박쥐 을(를) 2 초동안 말하기
2 초 동안 x: -15 y: -85 으로 움직이기
마법사님~~ 을(를) 2 초동안 말하기
2 초 기다리기
박쥐의 마법을 풀어주세요 을(를) 2 초동안 말하기
이제 많이 반성하고 착한 사람이 된데요 을(를) 2 초동안 말하기
13 초 기다리기
-90 ▼ 도 방향 보기
2 초 기다리기
왕자님.. 을(를) 2 초동안 말하기
```

03 마법사를 클릭한 후 다음과
같이 블록 코딩합니다.

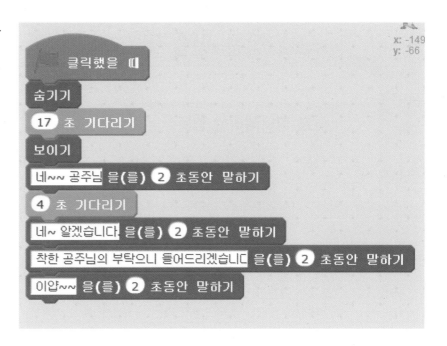

```
클릭했을 때
숨기기
17 초 기다리기
보이기
네~~ 공주님 을(를) 2 초동안 말하기
4 초 기다리기
네~ 알겠습니다. 을(를) 2 초동안 말하기
착한 공주님의 부탁으니 들어드리겠습니다 을(를) 2 초동안 말하기
이얍~~ 을(를) 2 초동안 말하기
```

x: -149
y: -66

04 별을 클릭한 후 다음과 같이
블록 코딩합니다.

```
클릭했을 때
숨기기
30 초 기다리기
x: -224 y: 20 로 이동하기
보이기
1 초 기다리기
2 초 동안 x: -35 y: 110 으로 움직이기
2 초 기다리기
숨기기
```

내 작품 만들기

나도 애니메이션 감독

여러분이 직접 주인공도 정하고 이야기도 정해서 창작 스토리를 만들어 봅니다. 스토리의 주제는 각자 원하는 주제를 정하고 주제에 맞는 그림을 가져온 후 스토리를 만들고 블록 코딩하여 애니메이션을 만들어 봅니다.

이야기 예

① 나쁜 말 하는 학생이 개구리로 변하는 벌을 받는 이야기
② 몸이 불편한 할머니를 도와준 학생이 할머니의 선물로 큰 보물을 갖게 되는 이야기
③ 아침에 일어나서 학교까지 가는 나의 모습을 보여주는 이야기
④ 코끼리 삼형제의 소풍 나들이

※여러분이 전개하고 싶은 이야기를 적어봅니다.

동 작

③의 이야기를 가지고 동작을 만들어 보겠습니다.

#1 배경은 방
피코: 오늘은 학교가는 날! 엄마 학교 다녀오겠습니다.
엄마: 그래 잘 다녀와라.

#2 배경은 농구장
피코: 와! 농구다.
친구· (점프 슛 동작 한 후) 나랑 농구하자.
피코: 안돼! 학교 가야 돼.

#3 배경은 길거리
자동차 지나간다.
피코 : 차는 조심해야 돼.

#4 배경은 학교
친구들이 인사를 한다.
친구들 : 피코야 안녕!
피코 : 친구들아 안녕! 학교오길 잘했다^^

#1 방

#2 색넣기

#3 길거리

#4 학교

나는 연주가

[소리] 블록을 이용하여 음악을 만들 수 있다.

학습 기능 소리 삽입

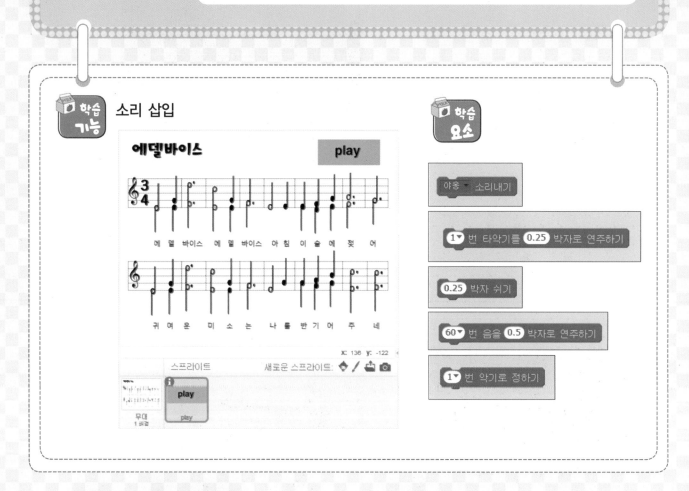

학습 요소

미리 알아보기

소리를 사용하는 방법에 대해 알아 봅니다.

블록 익히기

1. 각 스프라이트에 다양한 소리를 넣어 봅니다.
2. 도레미파솔라시도를 연주해 봅니다.

생각하기

생각하기 1 - 스크래치 디지털 피아노를 만들어 봅니다.
생각하기 2 - 에델바이스 합주곡을 만들어 봅니다.

내 작품 만들기

자동으로 연주하는 피아노를 만들어 봅니다.

스크래치는 '소리' 스크립트에서 소리와 관련된 여러 블록들을 사용할 수 있습니다. 블록 코딩한 결과가 실행될 때 배경음악을 줄 수도 있고 특정 부분이 실행될 때 효과음이 나도록 해서 결과물을 좀 더 풍성하게 하여 완성도를 높일 수 있습니다.

■ 스크래치에서 사용할 수 있는 타악기 소리 종류

■ 사용할 수 있는 악기 종류

■ 사용할 수 있는 음계

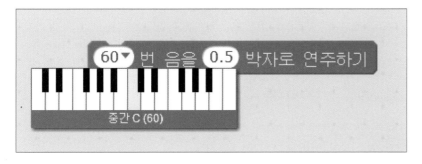

스크래치에서 저장된 소리 외에도 내 컴퓨터에 저장된 소리 파일을 가져와서 사용할 수도 있고 내가 원하는 소리를 녹음해서 사용할 수도 있습니다.

'블록익히기'와 '생각하기'를 통해 소리를 적용하는 방법에 대해 자세히 알아 보겠습니다.

 **블록익히기** 스프라이트에 소리, 다양한 악기소리, 음을 넣어보기

1. '드럼' 스프라이트에 드럼 소리 넣기

▶ 실습예제 : 5강 [블록익히기 1] 스프라이트에 소리 넣기

O1 '드럼1'스프라이트를 선택하고 블록을 가져온 후 목록단추를 클릭해서 'record...'를 클릭합니다.

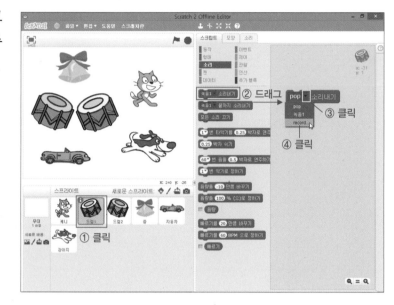

TIP

[소리] 탭을 선택해도 소리설정 화면이 표시됩니다.

실력 쑥쑥

소리화면 살펴보기

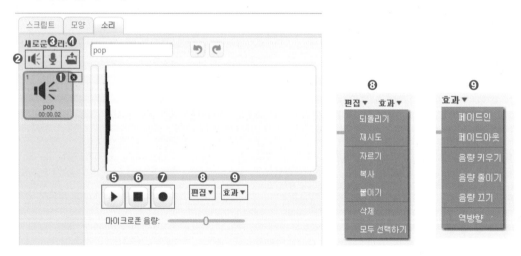

❶ 소리 파일 삭제
❷ 저장소에서 소리 선택 : 스크래치에서 제공하는 소리 파일을 삽입할 때 사용
❸ 새로운 소리 기록하기 : 소리를 직접 녹음할 때 사용(헤드셋이 있어야 가능).
❹ 소리 파일 업로드하기 : 내 컴퓨터에 저장된 소리 파일을 삽입할 때 사용
❺ 소리 재생
❻ 소리 중지
❼ 소리 녹음
❽ 편집 메뉴에서 사용할 수 있는 기능
❾ 효과 메뉴에서 사용할 수 있는 기능

02 🔘를 눌러 소리를 삭제한 후 🔊를
누릅니다.

03 'drum'을 선택한 후 [확인]을 클릭
합니다.

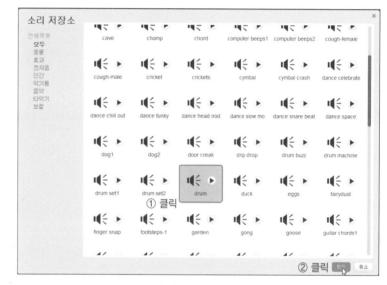

TIP

▶를 클릭하면 소리를 미리 들을 수 있어
요.

04 'drum'소리가 삽입되었네요. [스크
립트] 탭을 클릭합니다.

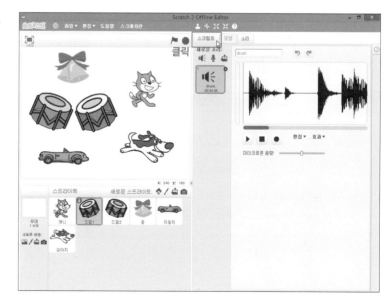

05 그림과 같이 블록을 가져오고 목록 단추를 눌러 'drum'을 클릭합니다. '드럼1'을 클릭해 보세요. 드럼소리가 납니다.

06 같은 방법으로 다른 스프라이트에도 여러분이 소리를 넣어 보세요.

'드럼2 – drum set1'	'종 – bell toll'	'강아지 – dog2'
'캐니 – meow'	'자동차 – car passing'	

07 각 스프라이트를 클릭해 보세요. 삽입된 소리가 들립니다.

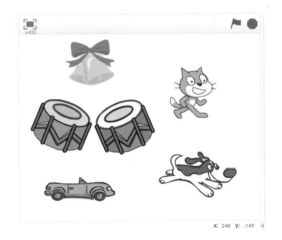

2. '도레미파솔라시도' 넣기

▶ 실습예제 : 5강 [블록익히기 2] 도레미파솔라시도 넣기

01 '도레미파솔라시도'음이 나도록 해볼게요. '소리' 스크립트에서 1번 악기로 정하기 와 60번 음을 0.5 박자로 연주하기 스크립트 창으로 드래그 합니다.

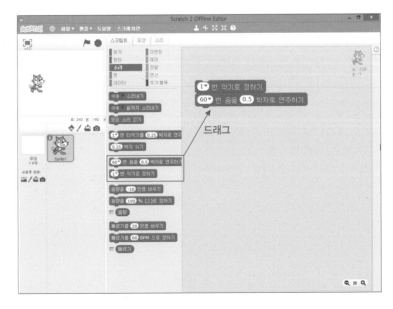

O2 목록단추를 클릭한 후 '도'의 음인 '중간 C(60)'을 선택합니다.

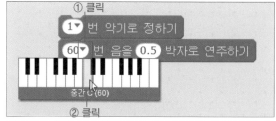

O3 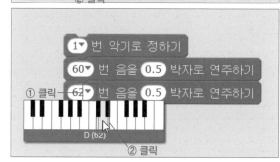 블록을 가져온 후 '레'의 음인 'D(62)'를 선택합니다.

O4 같은 방법으로 '미파솔라시도'를 적용합니다. 블록을 더블클릭하면 0.5박자의 피아노로 '도레미파솔라시도'가 연주됩니다.

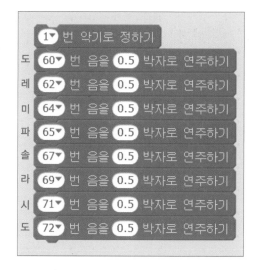

O5 목록단추를 눌러 '첼로'로 변경한 후 블록을 더블클릭해 보세요. 첼로로 연주됩니다.

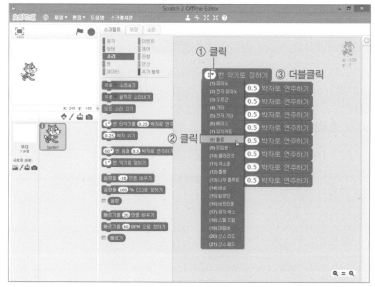

O6 다음과 같이 박자를 변경한 후 블록을 더블클릭해 보세요. 빠르게 연주됩니다. 악기와 박자를 변경해서 연주해 보세요.

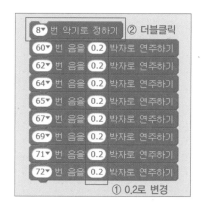

O7 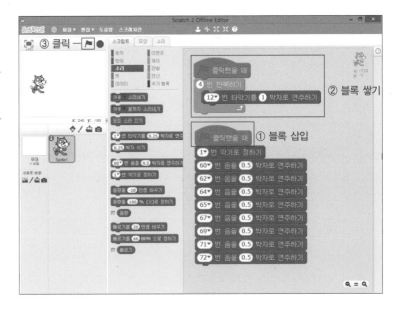 블록을 가져
온 후 목록단추를 눌러 '(12) 트라이
앵글'로 변경하고 그림과 같이 블
록을 가져온 후 '녹색 깃발'을 클릭
합니다. 피아노 음이 연주되는 동안
트라이 앵글이 같이 연주됩니다.

1. 내 소리 넣기

소리 스프라이트에서 🎤 버튼을 클릭하면 아래 '녹음 1'이 나옵니다. 다음과 같이 블록에 코딩해서 사용하면
됩니다.

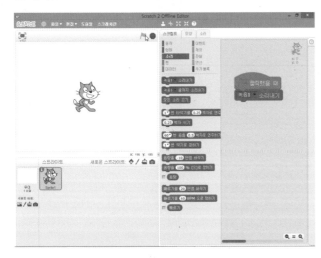

2. 소리 파일 넣기

소리 파일 업로드하기 📤 버튼을 클릭 – 내 컴퓨터에 있는 음악을 선택

▶ 실습예제 : 5강 [생각하기 1] 스크래치 디지털 피아노

원하는 악기를 설정하면 악기 소리가 나는 디지털 피아노를 만들어 봅니다. 하얀 건반과 검은 건반
에 음을 지정합니다.

동작

• 각 스프라이트를 클릭했을 때 해당하는 음을 지정합니다.
• 박자는 0.5 박자로 지정합니다.
• [piano] 버튼을 누르면 피아노로, [organ] 버튼을 누르면 오르간으로 소리가 나도록 합니다.

설계 순서

• 이 스프라이트를 클릭했을 때 → 음 내기
• 이 스프라이트를 클릭했을 때 → 악기 지정하기

힌트

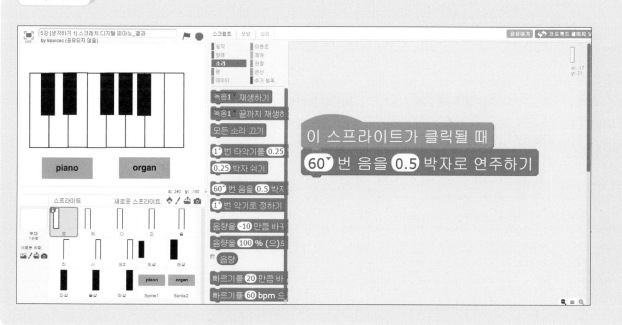

에델바이스 합주곡 만들기

에델바이스를 연주해 봅니다. 소프라노, 알토, 타악기를 지정하여 여러분이 멋진 연주를 만들어 보세요.

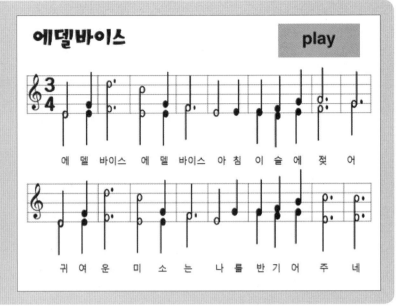

• play 버튼을 클릭했을 때 소프라노와 알토의 음이 동시에 나오도록 합니다.
• 타악기에서 트라이앵글은 3박자마다 한 번씩 나옵니다.
• 타악기에서 드럼은 6박자마다 한 번씩 나옵니다.
• 그 외 다른 타악기는 여러분이 원하는 악기와 박자를 지정해서 음악과 어울리게 지정해 봅니다.

설계 순서

• play 스프라이트
• 이 스프라이트를 클릭했을 때 → 음량 크기 정하기 → 빠르기 정하기 → 악기 정하기 → 음계 넣기
• 이 스프라이트를 클릭했을 때 → 00반복(트라이앵글 3박자마다)
• 이 스프라이트를 클릭했을 때 → 00반복(오픈하이 6박자마다)
※ 몇 번 반복해야 할지 여러분이 생각해 보세요.

힌트

모양	이름	박자	스크래치 박자
•	점	한 박	1
♩	2분 음표	두 박	2
♩	4분 음표	한 박	1
♪	8분 음표	1/2 박	0.5
♪	16분 음표	1/4 박	0.25

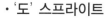

01 해당 스프라이트에 다음과 같이 블록 코딩합니다.

· '도' 스프라이트

· '레' 스프라이트

· '미' 스프라이트

· '파' 스프라이트

· '솔' 스프라이트

· '라' 스프라이트

· '시' 스프라이트

· '도2' 스프라이트

· '도샵' 스프라이트

· '레샵' 스프라이트

· '파샵' 스프라이트

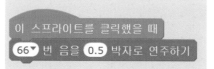

· '솔샵' 스프라이트

· '라샵' 스프라이트

02 피아노와 오르간 스프라이트에 다음과 같이 코딩합니다.

O3 '도' 스프라이트를 클릭한 후 다음 블록코딩을 추가합니다.

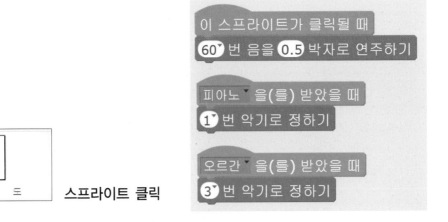

스프라이트 클릭

O4 블록 복사를 이용하여 다른 음계의 스프라이트에도 '피아노를 받았을 때'와 '오르간을 받았을 때' 스크립트를 추가합니다. 메시지 방송하기 코딩에 대해서는 08장에서 자세히 배우겠습니다.

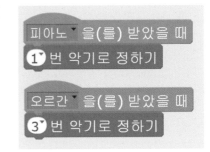

02 생각하기 2 | 따라하기

O1 소프라노 음계를 보고 다음과 같이 블록 코딩합니다.

play

스프라이트 클릭

02 알토 음계를 보고 다음과 같이 블록 코딩합니다.

03 타악기를 사용하기 위해 다음과 같이 블록 코딩추가합니다.

　① 3박자마다 12번 타악기(트라이앵글)를 연주합니다.

　② 6박자마다 5번 타악기(오픈하이)를 연주합니다.

TIP

에델바이스 악보는 총 16마디로 이루어져 있습니다. 16마디가 3박자씩 이루어져 48박자를 가집니다. 그래서 16번 반복, 8번 반복 횟수가 계산되었습니다.

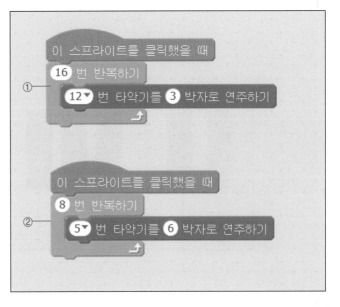

04 다양한 타악기를 넣어 풍성한 연주를 만들어봅니다.

내 작품 만들기

나는 연주가

생각하기 1에서 디지털 피아노를 만들어 보았습니다. 이번에는 키보드의 키를 누르면 소리가 나도록 만들어 봅니다. 여러분이 원하는 곡을 키보드로 연주할 수 있는 키보드 피아노를 만들어 봅니다.

음계를 눌렀을 때 색이 변경되도록 합니다.

Q-도 / W-레 / E-미 / R-파 / T-솔 / Y-라 / U-시 / I-도

2-도샵 / 3-레샵 / 5-파샵 / 6-솔샵 / 7-라샵

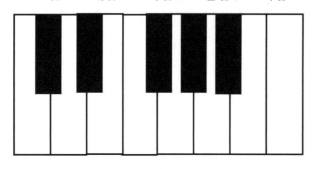

도~도의 키보드키를 표시하기

 힌트

• '도'를 눌렀을 때

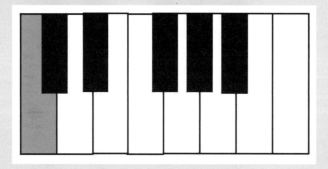

• '도샵'을 눌렀을 때

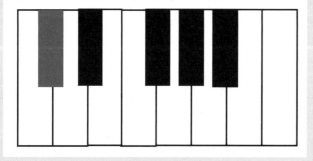

작품을 만들기 전에 한 번 생각해 봅니다. 아래 표에서 단계별 지침을 잘 읽고 '생각 적기'에 적어 보세요.

단계	지침	생각 적기
1단계 분석	이 작품의 주요한 동작은 무엇인가요? 그리고 결과는 무엇일까요?	
2단계 설계	진행할 순서를 적어 보세요. 자유롭게 적어 봅니다.	
3단계 구현	위에 설계한 내용을 스크립트 화면에 직접 블록을 쌓아서 만들어 보세요.	
4단계 수정	실행이 잘 되었나요? 안되었다면 무엇이 문제일까요? 잘 생각한 후 수정해 보세요.	
5단계 응용	실행이 잘 되었군요! 잘했습니다. 그럼 이 작품에 무엇을 더 추가해서 만들어 볼까요? 먼저 추가하고 싶은 내용을 적어 보세요. 그리고 스크래치에서 블록을 쌓은 후 실행해 보세요.	

 장 **변신하는 물고기**

[제어] 블록의 반복블록을 이용하여 원하는 동작을 할 수 있다.

 [제어] 블록으로 반복하기

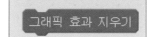

 체크포인트

미리 알아보기

1. 반복이 무엇인지 알아 봅니다.
2. 무한반복이 무엇인지 알아 봅니다.

블록 익히기

1. '~번 반복하기' 블록을 이용해서 사각형을 그려봅니다.
2. '무한반복' 블록을 이용해서 멈추지 않고 움직이는 고양이를 만들어 봅니다.

생각하기

생각하기 1 – 계단을 올라가는 캐니를 만들어 봅니다.
생각하기 2 – 변신하는 어항 속 물고기를 만들어 봅니다.

내 작품 만들기

다양한 도형을 그려보고 패턴을 만들어 봅니다.

반복과 무한반복에 대해 알아보기

1. 반복(Loop)

반복은 'Loop(루프)'라고 부르기도 합니다. 컴퓨터 프로그래밍에서 반복은 어떤 조건에 만족할 때까지 또는 종료 조건이 성립될 때까지 계속해서 동작을 수행하는 것을 말해요.

예1	예2
체육시간에 선생님이 학생들에게 "앉았다가 일어났다는 10번 하세요"라고 했을 경우 학생들은 앉았다 일어났다를 10번 한 후 동작을 멈춘다.	"저녁 5시까지 공부하기"일 경우 공부하는 행동을 계속하다가 저녁 5시가 되면 멈춘다.
반복종료조건 : 10번	반복종료조건 : 저녁 5시
동작 : '앉았다 일어나기'	동작 : 공부하기

그럼 '반복'은 언제 사용하면 좋을까요?

  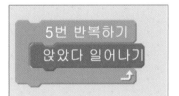

 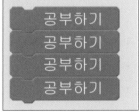 

이렇게 하면 프로그래밍이 간결해지고 결과를 얻을 때까지 걸리는 시간도 단축됩니다. 이것을 효율성이라고 하는데요. '프로그래밍의 효율성이 좋아졌다'라고 말합니다.

2. 무한반복(Endless Loop)

무한반복은 'Endless Loop'라고 합니다. 끝이 없는 반복이라는 의미에요. 다른 언어의 프로그래밍에서는 주로 논리적인 착오나 다른 원인으로 발생하는 경우가 많습니다. 그럴 경우 강제로 프로그램을 종료해 주어야 합니다.

스크래치 코딩에는 '무한반복'이라는 블록이 있습니다. 실행되는 동안 동작을 계속하고 싶을 때 사용되는데요. 멈추고 싶을 때는 '빨간 중지●'를 눌러 강제 종료합니다.

1. 사각형 그리는 캐니

OI 사각형을 그려보겠습니다. 캐니가 다음과 같이 이동하면서 사각형을 그릴거에요.

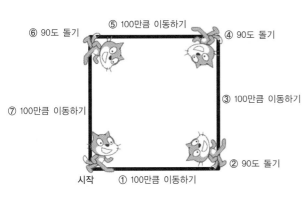

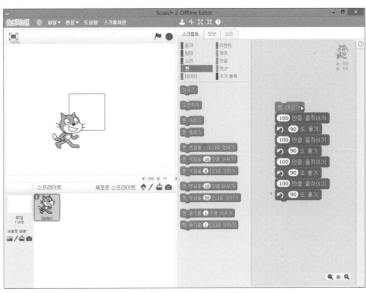

그림! 스크래치에서 블록을 쌓은 후 실행해 봅니다.

O2 사각형이 그려졌어요! 블록을 좀 더 짧게 할 수는 없을까요? 최소한의 블록을 사용하여 사각형을 그려볼게요. 먼저 위 블록에서 반복되는 부분이 어디인지 살펴봅니다.

두 개의 블록이 4번 반복하고 있네요. 블록을 이용하면 짧게 완성됩니다.

03 어때요! 블록의 개수가 작아지면서 코딩이 가벼워졌네요.

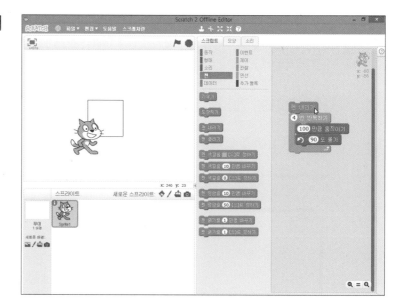

TIP

연습으로 그린 펜을 지우고 싶을 때 스크립트에 지우기 라는 블록이 있죠! 더 블클릭하면 무대의 그림이 지워집니다.

2. 좌우로 계속 움직이는 캐니

01 고양이가 무대 끝까지 이동합니다. 10만큼 이동하기를 사용해요. 10만큼 이동하기 블록이 여러 번 사용되어야 무대 끝까지 가겠죠! 이번엔 무한반복 블록을 이용해 볼게요.

 스프라이트 클릭

02 무한반복으로 실행해서 고양이는 계속 앞으로 갑니다. 벽에 닿았을 때 돌아서 가도록 해 봅니다. '동작'에서 벽에 닿으면 튕기기 블록을 삽입한 후 블록을 실행해 보세요.

 스프라이트 클릭

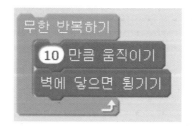

03 고양이가 계속 무대의 좌우로 이동합니다. 그런데 왼쪽으로 이동할 때 고양이가 뒤집혀서 움직이네요. 왜 그럴까요?

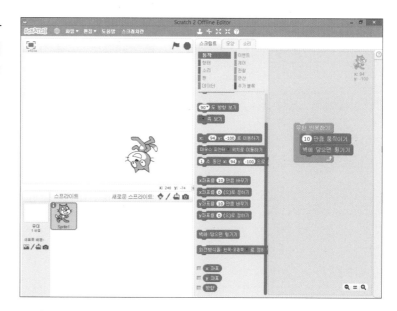

04 고양이의 회전방향 때문입니다. 전 시간에 배웠죠! 고양이 스프라이트는 기본적으로 360도 회전 ↻ 방향으로 설정되어 있어서 방향을 바꿀 때 360도 회전되어 이동합니다. 고양이 회전 방향을 변경한 후 블록을 다시 실행하면 뒤집히지 않고 좌우로 이동합니다.

① 클릭

생각하기 1   계단 올라가는 캐니

▶ 실습예제 : 6강 [생각하기 1] 계단 올라가는 캐니

'몇 번 반복하기' 블록을 이용하여 계단을 올라가는 캐니를 만들어 보세요. 캐니는 50만큼씩 이동합니다.
계단의 개수는 여러분이 정하여 만들어 봅니다.

동작

캐니가 오른쪽으로 움직인 후 위쪽으로 움직이고 다시 오른쪽으로 움직이고 다시 위쪽으로 움직이게 한다.

설계 순서

50만큼 움직인다 → 위쪽 방향을 본다 → 50만큼 움직인다 → 오른쪽 방향을 본다 → 50만큼 움직인다 → 위쪽 방향을 본다 → 50만큼 움직인다 → 오른쪽 방향을 본다 → .... 계속

힌트

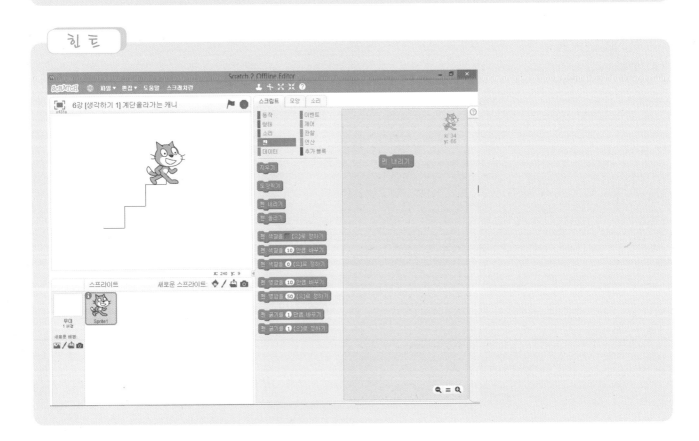

다음 블록을 이용하여 계단을 그릴 수 있어요. 블록의 순서를 어떻게 정하고 회전 각도를 몇을 주어야 할까요? 여러분이 생각한 후 블록을 쌓아보세요.

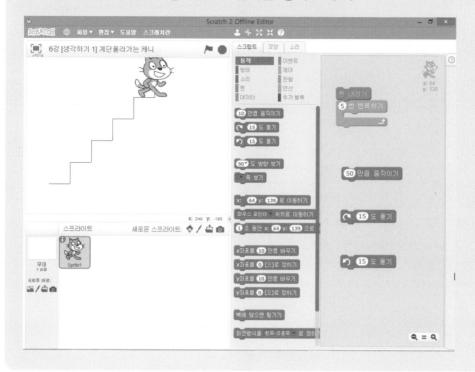

생각적기

생각하기 2   변신하는 바닷속 물고기

▶ 실습예제 : 6강 [생각하기 2] 변신하는 물고기

바닷속에 다양한 물고기들이 있습니다. 서로 다른 종류의 물고기들이 바닷 속에서 자유롭게 이동하고 있습니다. 물고기를 클릭할 때마다 물고기의 모양이 변하네요. 재미있게 만들어 보세요.

동작

• '녹색 깃발'을 클릭하면 시작한다.
• 바닷속 물고기들이 자유로운 각도로 움직이며 벽에 닿으면 튕겨서 다시 움직인다.
• 움직이는 물고기를 클릭하면 물고기의 모양이 변한다.

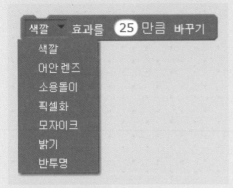

• 블록을 사용하여 클릭했을 때 다양한 효과로 변하도록 지정한다
• 무대 : underwater3
• 스프라이트 : '스프라이트 저장소' – '바다속'에 있는 그림을 자유롭게 가져와서 사용한다.

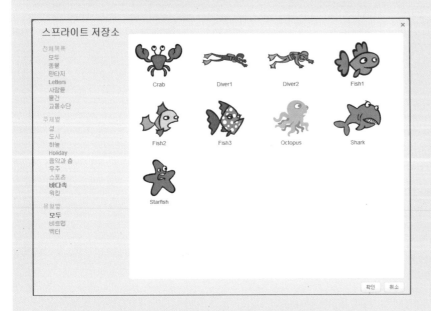

- 물고기 스프라이트 움직이기 : '녹색 깃발'을 클릭했을 때 → 각도 돌기 → (무한반복) 10만큼 가기 → '벽에 닿으면 튕기기'
- 물고기 모양 변형하기 : 이 깃발을 클릭했을 때 → 색깔 또는 모양 바꾸기

힌트

아래 블록들을 잘 조합해서 만들어 보세요.

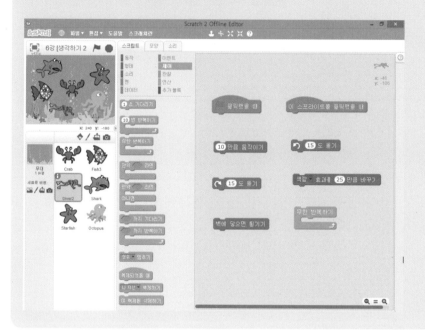

생각적기

생각하기 1 | 따라하기

01 동작 블록에서 와 를 가져와서 아래 그림처럼 나열해 봅니다. 저는 다섯 번 반복해서 계단을 그려볼게요.

스프라이트 클릭

생각하기 2 | 따라하기

01 '게' 스프라이트를 선택한 후 다음과 같이 블록 코딩 합니다. 형태 블록에서 색깔 효과를 25 만큼 바꾸기 블록을 가져온 후 효과를 '소용돌이'로 변경합니다.

스프라이트 클릭

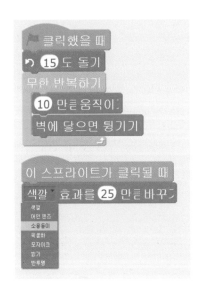

🔧 **TIP**

'녹색 깃발'을 클릭해보면 '게' 스프라이트가 뒤집혀서 움직입니다. '게'의 'info'를 그림과 같이 바꿔주면 게가 뒤집히지 않고 움직입니다.

02 '녹색 깃발'을 클릭한 후 움직이는 게를 클릭해 보세요. 클릭할 때마다 게의 형태가 '소용돌이' 쳐서 변형됩니다.

게의 움직임이 너무 빨라서 클릭이 어렵다면 '10만큼 움직이기'를 '3만큼 움직이기'로 바꾸고 '소용돌이 효과 25만큼 바꾸기'를 '100만큼 바꾸기'로 변경하고 '녹색 깃발'을 눌러서 '게' 스프라이트를 클릭해 보세요.

03 '~만큼 움직이기' 숫자에 따라 움직임의 속도가 달라집니다. 숫자가 작으면 느리게 움직이고 숫자가 크면 빨리 움직이죠. 다른 스프라이트에도 이와 같이 블록을 쌓아 봅니다. 움직임의 숫자와 회전각도를 다르게 지정하고 효과도 다르게 지정하여 재미있게 바닷 속 풍경을 꾸며봅니다.

TIP

• 블록 복사를 이용하면 쉽게 만들 수 있어요.

•  블록의 효과를 지우고 싶다면 그래픽 효과 지우기 를 클릭하면 됩니다.

실력 쑥쑥

블록 복사

복사하려는 블록을 클릭해서 복사할 스프라이트로 드래그한 후 해당 스프라이트를 클릭하여 스크립트를 확인하면 블록이 복사된 것을 확인할 수 있어요.

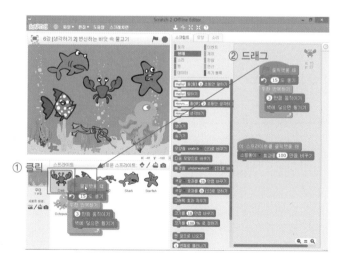

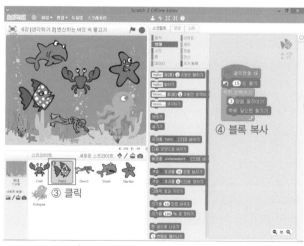

내 작품 만들기

도형 그리기

· 삼각형, 역삼각형, 정오각형, 정육각형, 정팔각형, 원, 반복되는 삼각형 패턴 그리기
· 우선 삼각형, 역삼각형, 오각형, 육각형, 팔각형, 원을 그려봅니다.

 힌트

내각 구하기

정n각형의 내각의 합을 구하는 법이 (n−2)×180입니다. 내각은 합은 n으로 나누면 됩니다.
((n−2)×180)/n

삼각형의 내각의 합을 구할 경우 (3−2)×180 = 180입니다. 180/3 = 60 이므로 삼각형의 내각
은 60도입니다. 외각은 180에서 내각을 뺀 각이므로 (180−내각), 180−60으로 120도입니다.

캐니가 내각이 60인 삼각형을 그리기 위해서는 외각만큼 돌아야 내각이 60인 삼각형이 그려
지겠죠!

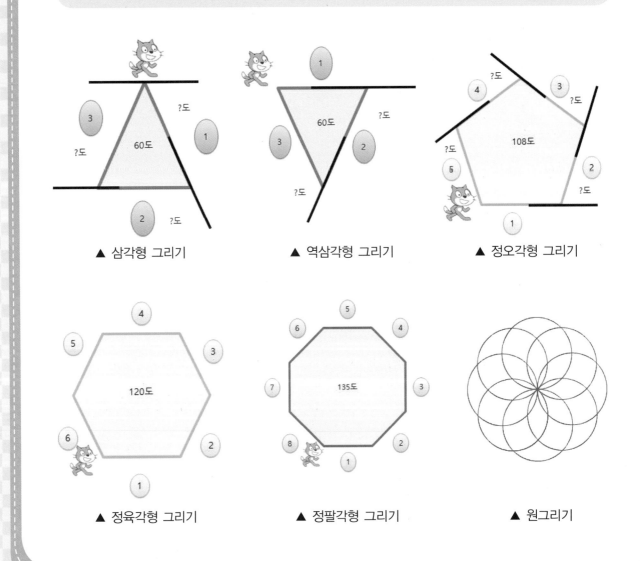

▲ 삼각형 그리기   ▲ 역삼각형 그리기   ▲ 정오각형 그리기

▲ 정육각형 그리기   ▲ 정팔각형 그리기   ▲ 원그리기

작품을 만들기 전에 한 번 생각해 봅니다. 아래 표에서 단계별 지침을 잘 읽고 '생각 적기'에 적어 보세요.

단계	지침	생각 적기
1단계 분석	이 작품의 주요한 동작은 무엇인가요? 그리고 결과는 무엇일까요?	
2단계 설계	진행할 순서를 적어 보세요. 자유롭게 적어 봅니다.	
3단계 구현	위에 설계한 내용을 스크립트 화면에 직접 블록을 쌓아서 만들어 보세요.	
4단계 수정	실행이 잘 되었나요? 안되었다면 무엇이 문제일까요? 잘 생각한 후 수정해 보세요.	
5단계 응용	실행이 잘 되었군요! 잘했습니다. 그럼 이 작품에 무엇을 더 추가해서 만들어 볼까요? 먼저 추가하고 싶은 내용을 적어 보세요. 그리고 스크래치에서 블록을 쌓은 후 실행해 보세요.	

달려라 마이카

[제어] 블록에서 선택블록을 이해하고 사용할 수 있다.

 학습기능 [제어]의 조건 블록

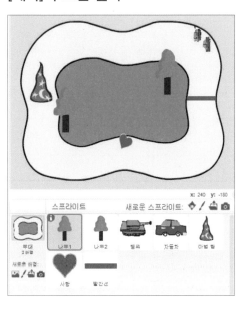

 학습요소

 체크포인트

미리 알아보기

조건에 대해 알아 봅니다.

블록 익히기

1. 네모상자에 갇힌 캐니를 탈출시킵니다.
2. 캐니가 좋아하고 싫어하는 것이 무엇인지 알아 봅니다.
3. 캐니가 작아졌다~커졌다가~ 캐니의 크기를 변화시켜 봅니다.

생각하기

1. 탱탱볼이 미로를 빠져나가는 게임을 만들어 봅니다.
2. 2인용 자동차 경주 게임을 만들어 봅니다.

내 작품 만들기

날아오는 행성을 피해 지구로 가는 2인용 게임을 만들어 봅니다.

조건에 대해 알아보기

조건(condition)에 대해 알아 보겠습니다. 프로그래밍에서는 IF를 이용하여 조건을 줍니다.

IF는 '만약에~'란 의미를 가지고 있습니다. 만약에 〈조건〉이 '예'이면 ●●●을 실행하고 '거짓'이면 ★★★을 실행하라는 의미로 사용됩니다. '예', '아니오' 또는 '있니', '없니' 등으로 두 가지 중 하나를 선택할 때 사용합니다. 그래서 조건문 또는 IF문이라고 합니다.

IF문의 형태를 살펴볼게요.

IF(조건식)
ⓐ실행문;   조건식의 답이 참(예)일 때는 A실행문이 동작한다.
Not
ⓑ실행문   조건식의 답이 거짓(아니오)일 때는 B실행문이 동작한다.

조건식에는 '예', '아니오'를 답할 수 있는 식이 들어갑니다.

스크래치에서 IF블록의 형태를 살펴볼게요.

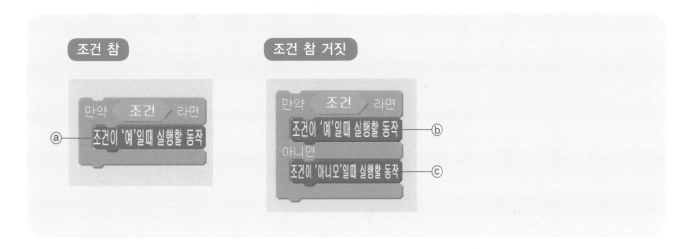

조건 참 그림은 IF블록으로 조건에 만족하면 ⓐ를 실행하고, 조건에 만족하지 않으면 IF블록을 빠져 나와서 다음 블록명령을 실행합니다.

조건 참 거짓 그림은 IF not블록으로 조건에 만족하면 ⓑ를 실행하고, 조건에 만족하지 않으면 ⓒ를 실행하죠.

자! 다음 내용을 선택블록으로 코딩해 볼까요?

  ▶ 내용1 : 제과점에 갔다. 단팥빵이 있으면 산다. 그리고 집에 간다.
  ▶ 내용2 : 제과점에 갔다. 단팥빵이 있으면 산다. 없으면 제과점에 있는 다른 빵을 산다. 그리고 집에 간다.

먼저 코딩하기 전에 설계해 볼게요. 보통 지금까지 설계할 때 자연어(우리말)로 순서를 나열하면서 적어 보았습니다.

지금은 순서도를 이용해서 설계해 볼게요. 순서도는 주어진 문제를 해결하기 위해 사용하는 기호입니다. 순서도에 대한 자세한 설명은 104페이지 '[실력쑥쑥] 순서도란?'을 확인하세요.

조건 참

• 설계

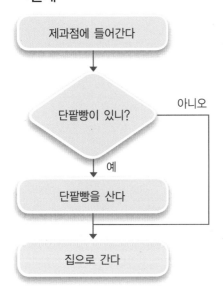

• 코딩

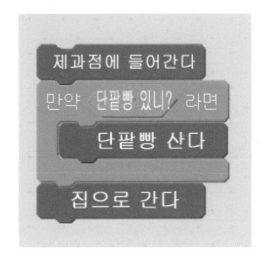

• 설계

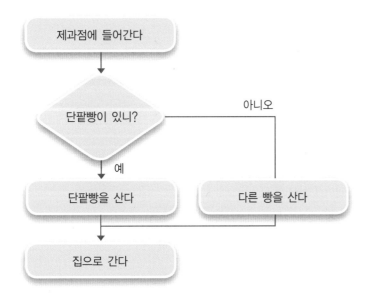

• 코딩

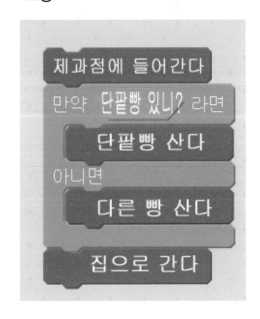

1. 조건 참_색을 조건으로 주기

▶ 실습예제 : 7강 [블록익히기 1] 조건 참_색 조건 주기

01 조건 블록으로 다음 동작을 만들어 볼게요. 캐니가 사면의 색이 다른 사각형 안에 있네요. 빨간색인 경우 통과하고 파란색인 경우 통과하지 못합니다.

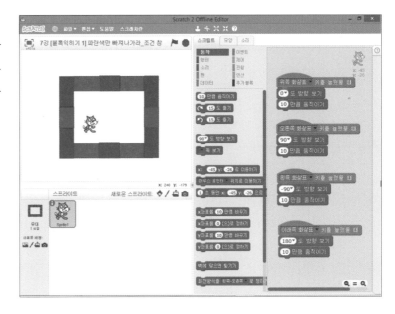

TIP

캐니가 방향키를 이용하여 움직일 수 있도록 먼저 블록을 가져왔습니다.

02 그럼 조건을 한 번 생각해 볼까요?

조건블록 이해하기

만약 〈캐니가 빨간색에 닿았니?〉 라면 캐니는 통과한다.

[조건] 〈고양이가 빨간색에 닿았니?〉
[사용블록]   ◼ 색에 닿았는가?

만약 〈캐니가 파란색에 닿았니?〉 라면 캐니는 통과하지 못한다.

[조건] 〈고양이가 파란색에 닿았니?〉
[사용블록]   ◼ 색에 닿았는가?

그럼 '고양이는 통과한다'와 '고양이는 통과하지 못한다'는 어떤 블록을 사용할까?

[동작] 고양이는 통과한다.
[사용 블록] ⑩ 만큼 움직이기
[결과] 지정한 방향으로 10만큼씩 움직인다.

[동작] 고양이는 통과하지 못한다.
[사용 블록] -10 만큼 움직이기
[결과] 지정한 방향에서 −10만큼씩 움직인다.
　　　　뒤로 가는 결과가 보여집니다.

TIP

순서도로 표현하면?

03 자, 그럼 블록으로 만들어 봅니다.

'제어'에서 '만약 라면 ' 블록을 가져오고 '관찰'에서 색에 닿았는가? 블록을 조건 에 드래그하여 위치시킨 후 색을 '빨간색'으로 변경합니다.

동작 부분에는 10 만큼 움직이기 블록은 삽입합니다. 같은 방법으로 색에 닿았는가? 블록을 가져온 후 '파란색'으로 변경하고 -10 만큼 움직이기 블록을 삽입합니다. 이벤트에서 '녹색 깃발을 클릭했을 때'를 가져오세요.

스프라이트 클릭

04 아! 그런데 실행해 보면 고양이가 빨간색일 때 통과하고 파란색일 때도 통과하네요. 왜 그럴까요? 이 조건은 한 번만 실행하고 끝나는 것이 아니라 캐니가 움직이는 동안 계속 조건이 실행되어 적용되어야 하니까요. 그래서 전시간에 배운 무한반복 무한 반복하기 블록에 조건들을 넣어주세요. 어때요~ 잘 동작하죠!

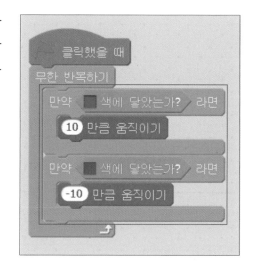

2. 조건 참_스프라이트를 조건으로 주기

▶ 실습예제 : 7강 [블록익히기 2] 조건 참_스프라이트 조건 주기

01 이번엔 스프라이트에 조건을 주는 방법을 알아볼게요. 캐니는 마우스 포인터를 따라 움직입니다. 그리고 장애물은 바위, 여우, 공룡, 고스트, 자동차가 있습니다. 캐니는 가장 무서운 것에 다가가기를 싫어해서 강하게 튕기려고 하고 자동차는 아주 좋아해서 다가가면 너무 기뻐서 여러 가지 색으로 변합니다.

그림의 블록을 잘 조합해서 결과를 만듭니다.

- 캐니가 무서워하는 스프라이트 : 바위 〈 여우 〈 공룡 〈 고스트

- 캐니가 좋아하는 스프라이트 : 자동차, 여러 가지 색으로 변한다.

O2 우선 캐니가 마우스를 따라 움직이도록 해볼게요.

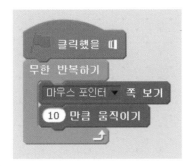 

O3 이제 조건블록을 만들어 보세요.

스프라이트 조건도 '조건 참' 블록을 사용하므로 위에 색 조건 주는 방법과 같아요.

조건블록 이해하기

만약 〈캐니가 바위에 닿았니?〉라면 캐니는 뒤로 간다. (-5만큼 가기)	만약 〈캐니가 여우에 닿았니?〉라면 캐니는 뒤로 간다. (-10만큼 가기)
만약 〈캐니가 공룡에 닿았니?〉라면 캐니는 뒤로 간다. (-15만큼 가기)	만약 〈캐니가 고스트에 닿았니?〉라면 캐니는 뒤로 간다. (-20만큼 가기)

블록을 클릭해서 조건을 줄 스프라이트를 선택하면 됩니다.

O4 완성 블록이에요.

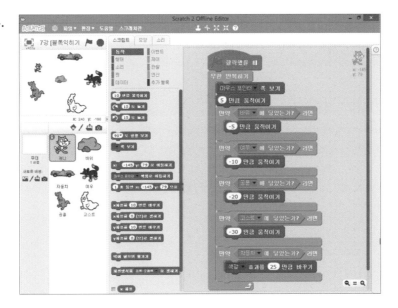

3. 조건 참거짓_조건이 참일 때와 거짓일 때 조건 주기

▶ 실습예제 : 7강 [블록익히기 3] 조건 참거짓

01 이제는 조건 참거짓 블록에 대해 알아볼게요.
'제어' 블록에서 '만약~라면~아니면 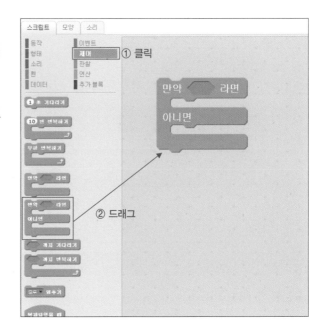'이
라는 블록이 있어요.

조건이 참이면 '동작 1'이 실행되고, 조건이 거짓
이면 '동작 2'가 실행됩니다.

02 캐니가 핑크색에 닿으면 작아지고 아니면 원래 크기로 돌아가도록 해 봅니다.

조건블록 이해하기

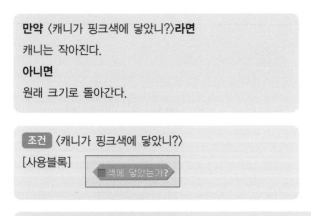

만약 〈캐니가 핑크색에 닿았니?〉**라면**
캐니는 작아진다.
아니면
원래 크기로 돌아간다.

조건 〈캐니가 핑크색에 닿았니?〉
[사용블록]
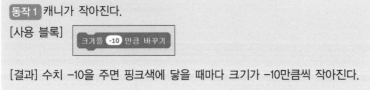

동작 1 캐니가 작아진다.
[사용 블록]

[결과] 수치 -10을 주면 핑크색에 닿을 때마다 크기가 -10만큼씩 작아진다.

동작 2 원래 크기로 돌아간다.
[사용 블록]

[결과] 캐니가 원래 크기(100%)로 돌아간다.

03 블록으로 만들어 봅니다.

O4 '녹색 깃발'을 눌렀을 때 실행되도록 해보세요. 캐니는 마우스 포인터를 따라 움직입니다.

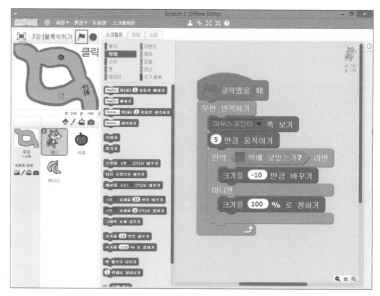

O5 그럼 앞에서 배운 '조건 참' 블록을 추가해 볼까요? 사과에 닿으면 '공룡'으로 변하고 '바나나'에 닿으면 '캐니'로 돌아오도록 해봅니다.

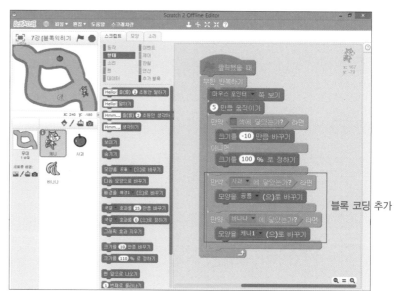

블록 코딩 추가

조건에 사용되는 블록들

자 그럼 조건에는 어떤 블록이 올까요? 다음과 같은 블록이 조건에 들어갈 수 있어요. 이외에도 블록들이 결합되어 조건에 들어갈 수도 있습니다.

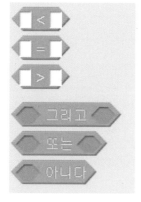

순서도란?

순서도는 문제를 해결하기 위해 구상할 때 사용하는 기호입니다. 영어로 Flowchart(플로우차트)라고 해요. 주어진 문제를 해결하기 위해 처음부터 결과를 얻기까지 과정을 시간적 흐름으로 적을 때 사용하는 그림으로 된 기호입니다. 논리적인 절차, 흐름, 처리방법 등을 표현할 수 있어요.

순서도에서 자주 사용하는 기호들에 대해 살펴볼게요.

기 호	이 름	설 명	예
	단자(Terminal)	처음과 끝에 사용되는 기호	시작, 끝
	처리(Process)	처리기호. 처리하고자 하는 내용을 표시. 값 계산(연산), 대입 등에 사용	A=B+C · 앞으로 가기 · A=B+C · 앞으로 가기
	준비	변수를 선언 또는 변수 초기값을 지정	A=0 · 점수=0
	판단(Decision)	조건을 비교해서 조건에 해당하는 경로를 선택	A〉0 아니오 / 예 · 색에 닿았어 아니오 / 예
	입출력 (Input/Output)	데이터의 입력과 출력	
⟶	흐름	기호를 연견하여 처리의 흐름을 나타내는 연결선	
	반복		반 복 / A=A+1 · 반복 100번 / 앞으로 가기
○	연결	기호가 멀리 떨어져있거나 연결선의 사용이 곤란할 때 사용. 기호 안에 명칭을 넣어 연결할 수도 있다.	★ · ★

다음 기호를 이용하여 다음 내용의 순서도를 작성해 봅니다.

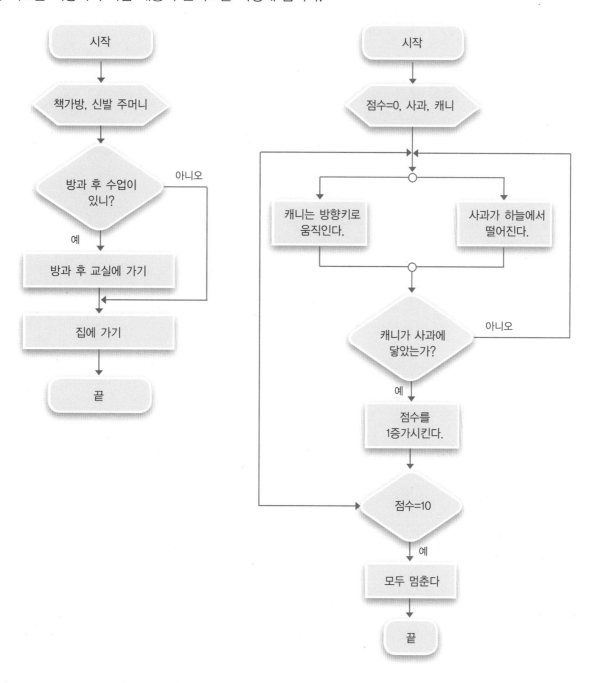

생각하기 1 미로를 빠져나가는 탱탱볼

▶ 실습예제 : 7강 [생각하기 1] 미로를 빠져나가는 탱탱볼

'ball' 스프라이트가 미로를 빠져 나갑니다. 노란 벽에 닿으면 게임은 종료됩니다.
다음 처리조건을 읽고 게임을 완성해 보세요.

동작

- 'ball'을 방향키로 조작한다. 10만큼씩 움직이도록 한다.
- 만약 '노란 벽'에 닿으면 배경을 '게임 끝' 배경으로 바꾼다.
- 만약 무대 오른쪽 아래 끝에 있는 자주색에 닿으면 '레벨2' 배경으로 바꾼다.
- 녹색 깃발을 눌렀을 때 처음 시작위치로 가고 '배경' 배경으로 바뀌어 게임을 다시 시작할 수 있게 한다.

설계 순서

중요 동작

시작 : 녹색 깃발	시작 : 녹색 깃발
무한 반복	무한 반복
노란색에 닿았니?	보라색에 닿았니?
예	예
배경을 '게임끝'으로 바꾸기	배경을 '레벨2'로 바꾸기

106 스크래치

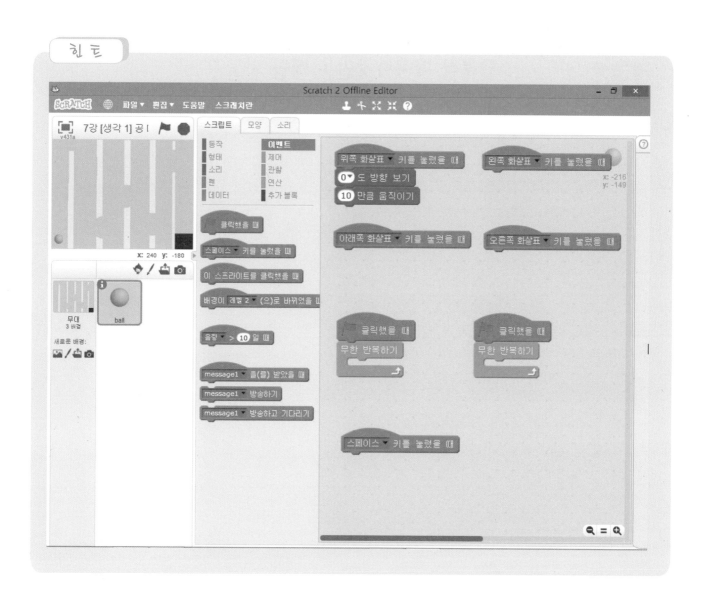

생각적기

달려라 마이카_2인용 게임 만들기

▶ 실습예제 : 7강 [생각하기 2] 달려라 마이카

빨간 자동차와 탱크가 경주를 합니다. 두 차는 노란트랙을 벗어나면 안됩니다. 두 차는 빨간선 위에서 경주를 시작해서 어느 쪽이든 빨간 선이 닿으면 게임은 끝이 납니다. '마법탑'은 안좋은 아이템이고, '사랑'은 좋은 아이템입니다. 2인용으로 친구와 게임을 할 수 있도록 만들어 보세요.

동작

- 스페이스키를 누르면 두 자동차가 빨간선 위에 위치하여 게임을 시작할 수 있도록 합니다.
- '녹색 깃발'을 클릭했을 때 두 자동차가 움직입니다.
- 자동차 동작: A키(오른쪽), D키(왼쪽), W키(위쪽), S키(아래쪽)로 조작한다. 2만큼씩 움직이도록 한다.
- 탱크 동작: 방향키로 조작한다. 앞으로 2만큼씩 움직이도록 한다.
- 만약 경기장 '검은선'에 닿으면 뒤로(-2만큼) 움직이게 한다.
- 만약 '마법탑'에 닿으면 지정한 좌표값으로 이동한다. 현재 위치보다 뒤로 가도록 지정한다.
- 만약 '사랑'에 닿으면 지정한 좌표값으로 이동한다. 현재 위치보다 앞으로 가도록 지정한다.
- 빨간선에 닿으면 '경기장2'로 배경이 바뀌고 모든 동작이 멈춘다.
- '마법탑'은 3초 간격으로 보였다, 사라졌다 한다.
- '사랑'은 1초 간격으로 보였다, 사라졌다 한다.

설계 순서

빨간 자동차 스프라이트 중요 동작

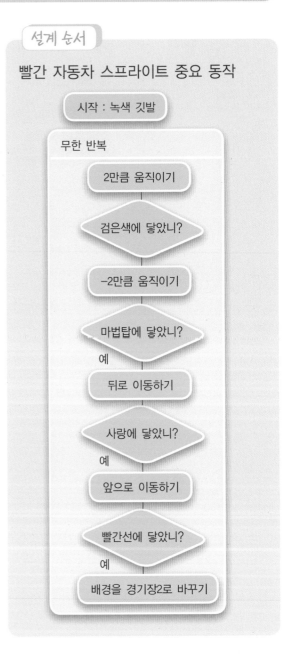

'제어' 스크립트에  블록을 이용하면 탱크와 자동차는 뒤집히지 않고 상하 좌우 움직입니다.

시작 화면

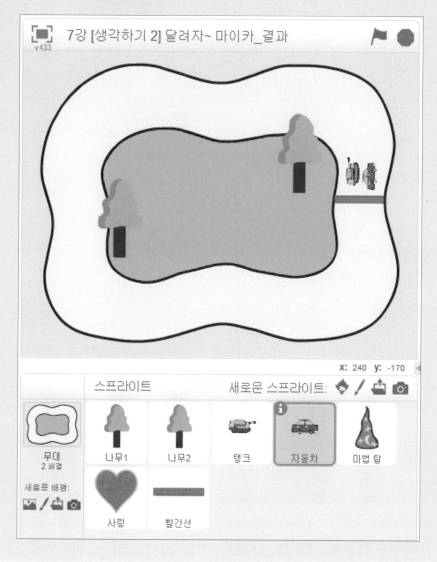

생각적기

OI 'ball'이 방향키로 움직이도록 블록을 만듭니다.

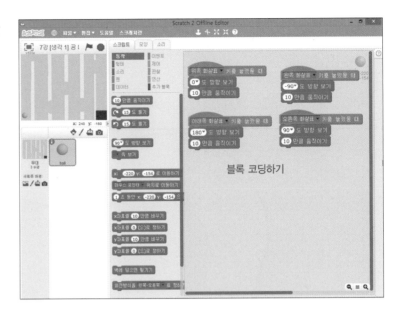

02 '이벤트' 스크립트에서 '녹색 깃발' 블록을 가져오고 '제어' 스크립트에서 '무한반복' 블록과 '조건 참' 블록을 가져옵니다.

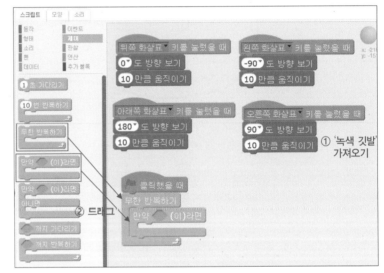

03 만약 '노란 벽'에 닿으면 배경을 '게임끝' 배경으로 바꾼다와 만약 무대 오른쪽 아래 끝에 있는 자주색에 닿으면 '레벨2' 배경으로 바꾼다를 만들어 봅니다.

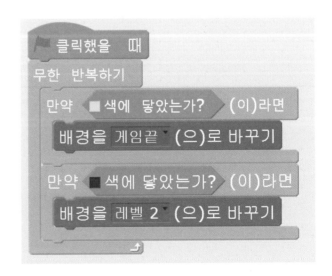

04 녹색 깃발을 눌렀을 때 시작위치로 가서 게임이 다시 시작될 수 있도록 해볼게요. 'ball'을 시작 위치로 옮기면 '동작' 스크립트에 '좌표' 블록의 X,Y좌표 값이 변하죠! 그 블록을 드래그 합니다. 그리고 '형태' 스크립트에서 '배경~바꾸기' 블록을 드래그 합니다.

자! 이제 게임을 즐겨볼까요?

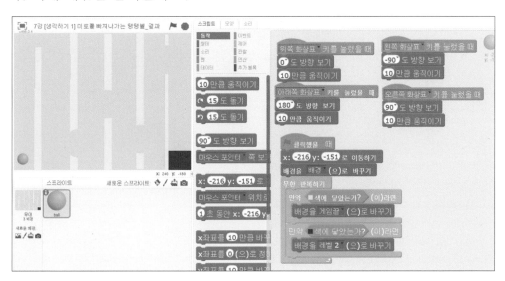

TIP

X,Y 좌표값은 여러분이 'ball'을 위치한 곳의 값이 표시되어 책에 표시된 좌표값과 다를 수 있습니다.

02 생각하기 2 | 따라하기

01 자동차와 탱크 스프라이트를 움직이 도록 하겠습니다. 우선 탱크 스프라 이트를 클릭한 후 '동작' 스크립트에 서 `회전방식을 왼쪽-오른쪽 로 정하기` 블록을 그림 과 같이 드래그 합니다.

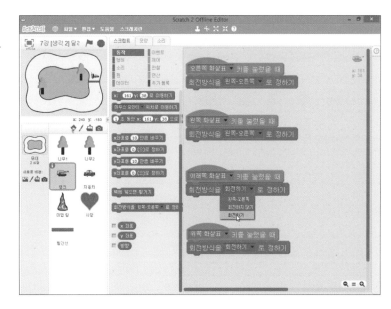

TIP

왼쪽, 오른쪽과 위쪽,아랫쪽의 회전방향이 다른 이유

자동차 또는 탱크를 방향키를 이용하여 상하좌우로 이동할 때 뒤집히는 이유는 자동차, 탱크 스프라이트의 회전방식이 360도로 되어있기 때문입니다. 왼쪽, 오른쪽은 좌우 회전방식이며 위쪽, 아래쪽은 360회전방식 입니다.

02 조건을 지정해 볼게요. 4개의 조건이 있어서 '제어' 스크립트에서 블록을 4개 가져온 후 다음과 같이 블록 코딩합니다.

스프라이트 클릭

TIP

마법탑 : 뒤로 가는 아이템,
사랑 : 앞으로 가는 아이템

03 이제 스페이스키를 누르면 자동차, 스프라이트가 빨간선 위에 위치하도록 해볼게요. '동작' 스크립트에서 회전방식을 왼쪽-오른쪽 로 정하기 를 가져와 '회전하기'로 변경하고 0도 방향 보기 블록을 가져옵니다. 그리고 탱크를 빨간선 위에 위치시키고 '좌표' 블록을 가져옵니다.

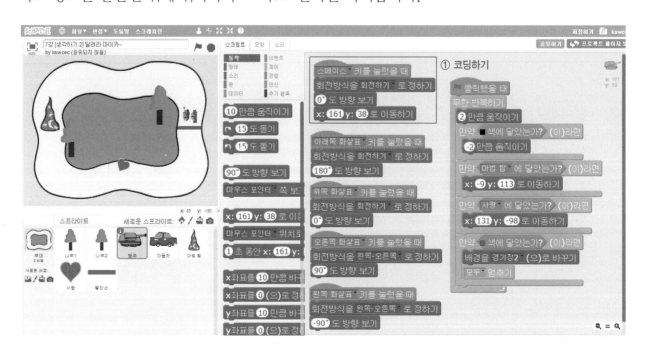

TIP

 , 블록을 가져온 이유는?

탱크가 시작할 때 위로 진행됩니다. 그래서 시작할 때 위쪽 방향을 보도록 '0도 방향보기' 블록을 사용하였고 상하좌우로 이동하다보면 오른쪽, 왼쪽으로 이동할 때 '스페이스' 키를 누르게 되어 처음 상태로 갈 때 '0도 방향보기' 블록이 실행되지 않습니다. 이유는 오른쪽, 왼쪽 이동시 '회전방식을 왼쪽-오른쪽으로 정하기' 블록을 사용하여 고정해 두었기 때문입니다. '0도 방향보기'는 360도 회전하기일 때만 실행이 가능하니까요. 그래서 '회전방식을 회전하기로 정하기' 블록을 '0도 방향 보기' 위에 위치해야 합니다.

04 탱크가 잘 작동되는 한 번 움직여 보세요. 잘 실행되면 다음 진행을 합니다.
지금까지 탱크 스프라이트에서 만든 모든 블록을 '자동차' 스프라이트로 드래그하여 복사합니다.

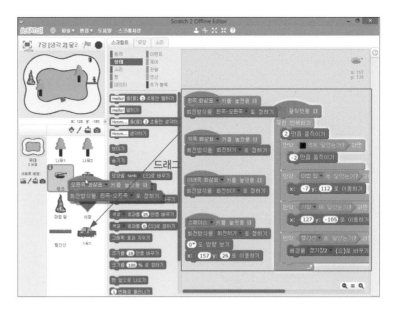

05 자동차의 상하좌우 방향키를 그림과 같이 변경하고 다음과 같이 블록 코딩합니다.

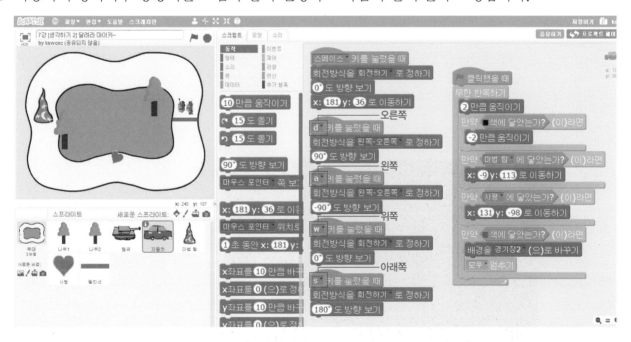

06 마법탑과 사랑을 다음과 같이 블록 코딩합니다.

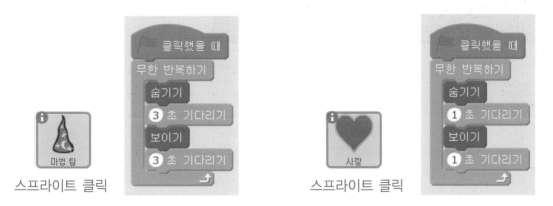

스프라이트 클릭   스프라이트 클릭

07 이제 끝! 잘 작동되는지 확인해보고 오류가 생겼다면 곰곰이 생각한 후 수정하세요. 그런 다음 친구나 가족과 게임을 즐겨보세요.

지구로 돌아가라

날아오는 행성을 피해서 지구로 가는 게임입니다.

마법사와 드래곤은 왼쪽에 있고 오른쪽에는 지구가 있습니다. 키보드키를 이용하여 마법사와 드래곤을 움직이면서 오른쪽에서 날아오는 행성을 피해서 지구까지 도착해야 합니다. 먼저 도착한 사람이 이기는 게임이에요. 2인용으로 만들어 주세요.

힌트

마법사와 드래곤이 키를 이용하여 움직일 수 있도록 합니다. 마법사를 움직일 키와 드래곤을 움직일 키를 적어 보세요.

행성이 날아다닐 수 있도록 합니다. 반복 블록을 이용하여 행성이 우주를 계속 날아다니도록 합니다. 행성의 방향은 '~도 돌기' 블록을 이용해서 다양한 각도로 날아다니도록 할 수 있습니다.

마법사와 드래곤이 행성에 닿았을 때 어떻게 하면 좋을지 생각해 봅니다.

마법사와 드래곤이 지구에 닿았을 때 어떤 변화를 주면 좋을지 생각해 봅니다.

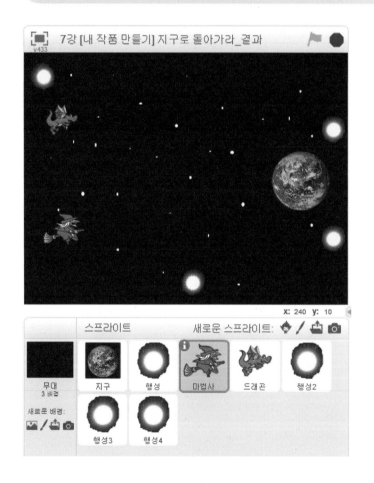

작품을 만들기 전에 한 번 생각해 봅니다. 아래 표에서 단계별 지침을 잘 읽고 '생각 적기'에 적어 보세요.

단계	지침	생각 적기
1단계 분석	이 작품의 주요한 동작은 무엇인가요? 그리고 결과는 무엇일까요?	
2단계 설계	진행할 순서를 적어 보세요. 자유롭게 적어 봅니다.	
3단계 구현	위에 설계한 내용을 스크립트 화면에 직접 블록을 쌓아서 만들어 보세요.	
4단계 수정	실행이 잘 되었나요? 안되었다면 무엇이 문제일까요? 잘 생각한 후 수정해 보세요.	
5단계 응용	실행이 잘 되었군요! 잘했습니다. 그럼 이 작품에 무엇을 더 추가해서 만들어 볼까요? 먼저 추가하고 싶은 내용을 적어 보세요. 그리고 스크래치에서 블록을 쌓은 후 실행해 보세요.	

8장 엄마는 요술쟁이

[이벤트] 블록의 메시지 방송하기를 사용 할 수 있다.

 [이벤트] 블록

 체크포인트

미리 알아보기

메시지 방송하기에 대해 알아 봅니다.

블록 익히기

1. 별을 부르면 별이 회전하는 메시지 방송하기를 해 봅니다.
2. 릴레이 걷기하는 메시지 방송하기를 해 봅니다.
3. 바다가고 싶어 메시지 방송하기를 해 봅니다.

생각하기

1. 무엇이든지 말 한마디로 완성하는 요술쟁이 엄마를 만들어 봅니다.
2. 도마뱀이 파리를 잡는 게임을 만들어 봅니다.

내 작품 만들기

마법소년 깨돌이가 친구를 구하는 이야기를 만들어 봅니다.

메시지 방송하기에 대해 알아볼게요.

'이벤트'에 있는 '메시지 방송하기'는 아주 편리한 블록이에요. 하나의 메시지에 여러 동작을 표현한 후 서로 다른 스프라이트에서 가져다 사용할 수 있습니다.

'메시지를 방송하기  ' 블록과 '메시지를 받았을 때 ▱▱▱▱▱ ' 블록은 항상 같이 사용됩니다.

이 두 블록은 다음과 같이 사용됩니다.

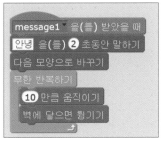

▲ 메시지 방송

◀ 메시지를 받을 때 수행할 동작

메시지 방송하기의 두 가지 사용 예를 보도록 할게요.

사용 1
캐니와 곰돌이는 별이 돌도록 명령을 주고 싶어요. 이 때 '메시지 방송하기' 블록이 어떻게 사용되는지 보겠습니다.

캐니와 곰돌이 스프라이트를 클릭할 때 별이 30번 돌기한다.

사용 2

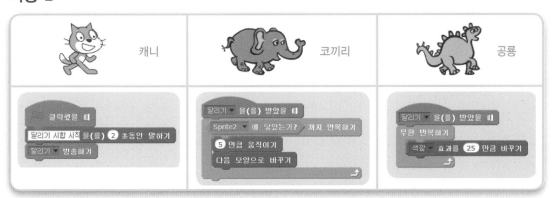

캐니가 '달리기 시합 시작'이라고 말한 후 코끼리와 공룡이 블록 코딩으로 동작한다.

1. 별을 회전하는 메시지 방송하기

▶ 실습예제 : 8강 [블록익히기 1] 별을 회전하는 메시지 방송하기

OI 캐니를 클릭하면 별이 돌아가도록 해보겠습니다. '캐니' 스프라이트를 선택한 후 그림과 같이 블록을 만들고 '이벤트'에서 message1 ▾ 방송하기 블록을 가져온 후 '새 메시지'를 클릭합니다. 나타난 메시지 상자에 메시지 이름을 '별 부르기'로 입력한 후 '확인'단추를 클릭하세요.

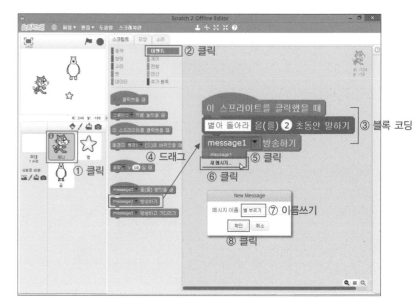

TIP

메시지 이름

메시지 이름은 여러분이 원하는 이름을 지정할 수 있어요. 보통은 메시지 이름이 많아질 경우 찾기 쉽도록 다음에 실행할 동작을 메시지 이름을 지정합니다.

O2 메시지를 불렀으니 부른 메시지가 동작을 하도록 만들어주어야 합니다. '별' 스프라이트를 클릭한 후 다음과 같이 블록을 만들어 봅니다. 그리고 캐니를 클릭하여 결과를 확인합니다.

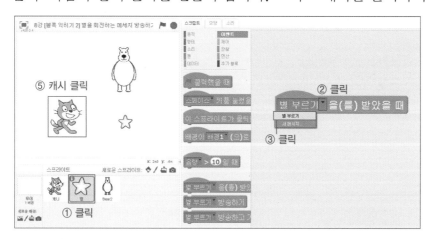

TIP

'메시지 방송하기'와 '메시지를 받았을 때'

두 블록은 항상 함께 같이 존재합니다. '메시지를 방송하기'는 '메시지를 부른다'는 의미입니다. 메시지를 불렀다면 메시지가 대답을 해야겠죠! 그것이 '메시지를 받았을 때'입니다.

03 이제 '곰' 스프라이트를 선택한 후 '별
부르기' 메시지 방송하기를 합니다.
캐니와 곰을 각각 클릭해 보세요. 별
이 돌아갑니다.

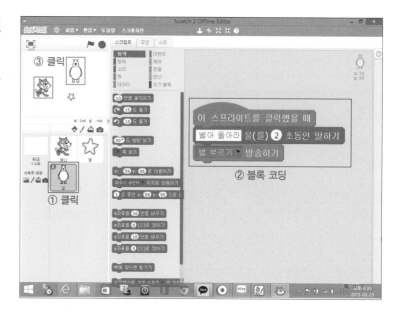

🔗 **TIP**

메시지 방송하기는 왜 하는 걸까요?

③번 처럼 한 번 만들어 놓은 메시지는 원할 때 불러서 사용할 수 있습니다. 캐니 스프라이트에도 '별부르기' 메시지를 방송해서 '별'이 30번 회전을 하였고, '곰' 스프라이트에서도 '별부르기' 메시지를 방송하여 별이 30번 도는 동작을 사용한 것처럼 말입니다.

2. 릴레이 걷기하는 메시지 방송하기

▶ **실습예제 : 8강 [블록익히기 2] 릴레이 걷기하는 메시지 방송하기**

01 릴레이 걷기하는 메시지 방송하기를 만들어 보겠습니다. 우선 캐니가 모양을 바꾸면 걸어가는 동
작을 만들겠습니다.

O2 캐니가 지니에 닿았을 때 지니가 걸어가야 하는 동작입니다. 다음과 같이 블록 코딩하면 되겠죠! 메시지를 방송하고 캐니는 걷기를 멈추어야 하므로 '이스크립트 멈추기' 블록이 삽입되었습니다.

① 스프라이트 클릭

② 블록 코딩

O3 메시지를 받은 지니는 앞으로 걸어가야 합니다.

스프라이트 클릭

3. 바다에 가고 싶어 메시지 방송하기

▶ **실습예제 : 8강 [블록익히기 3] 바다가고 싶어 메시지 방송하기**

O1 '캐니'를 선택한 후 다음과 같이 블록을 만들어 주세요.

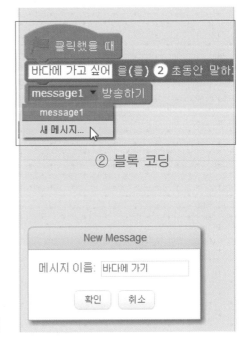
② 블록 코딩

New Message

메시지 이름: 바다에 가기

확인   취소

TIP

'바다에 가기'라는 새메시지를 만들어야 합니다.

① 스프라이트 클릭

O2 '무대'를 클릭하고 [배경] 탭을 선택한 후 '저장소 배경 선택'을 클릭하여 'beach malibu'를 선택하여 삽입하세요.

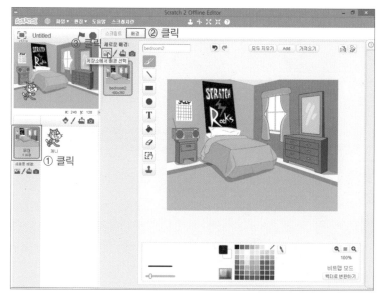

O3 '무대'를 선택한 후 다음과 같이 블록을 만듭니다.

 스프라이트 클릭

O4 무대를 'bedroom2'로 바꿔준 후 '녹색 깃발'을 눌러 실행해 볼까요?

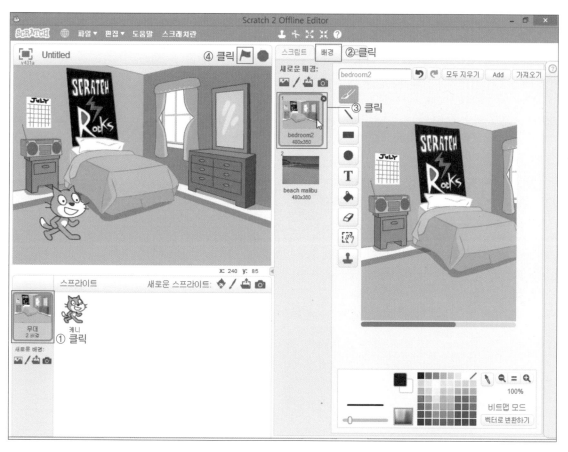

05 실행이 잘되죠! 바다에서 다시 집으로 가고 싶다면 어떻게 할까요? '무대'를 클릭한 후 다음 그림과 같이 블록을 쌓아보세요.

 ① 스프라이트 클릭

② 블록 코딩

 TIP

메시지 방송하기 블록에서 '새 메시지'를 추가하여 '집으로' 방송을 만들어 주어야 합니다.

 ③ 스프라이트 클릭

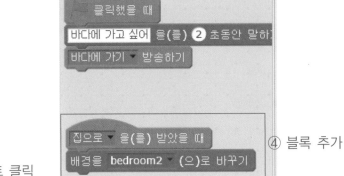
④ 블록 추가

 TIP

'5초 기다리기'를 넣은 이유?

'5초 기다리기' 블록을 넣지 않으면 동작의 흐름이 눈으로 보이지 않아요. 배경을 바다로 바꾼 다음 바로 집으로 메시지가 방송되고 배경이 집으로 변경되는 과정이 너무나 빠르게 진행되기 때문이죠! 그래서 '5초 기다리기' 블록을 넣어준 것입니다.

대화를 메시지 방송하기로 할 수 있어요.

4장에서 대화할 때 0초 기다리기를 사용하여 서로 대화하는 스토리를 만들어 본 적이 있어요. 다음 사람이 대화할 때까지 기다렸다가 대화하기 때문에 초시간을 계산하는 것이 어려웠습니다. 메시지 방송하기를 사용하면 몇 초인지 계산하지 않아도 되기 때문에 편하게 스토리를 만들 수 있어요.

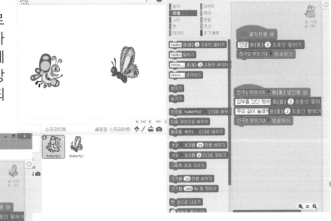

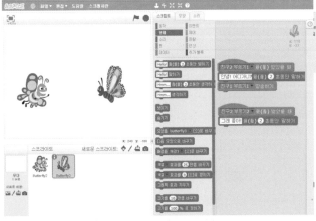

생각하기 1 ＿ 엄마는 요술쟁이

▶ 실습예제 : 8강 [생각하기 1] 엄마는 요술쟁이

지금 막 퇴근하고 들어온 엄마는 아이들이 학원에서 올 때까지 청소하고 맛있는 음식을 만들어야 합니다. 요술쟁이 엄마는 한번에 모든 일들을 해냅니다. 엄마를 요술쟁이로 만들어 보세요.

엄마 : 나는 요술쟁이! 아이들이 올 때까지 청소하고 음식을 만들어야 겠다.
엄마 : 가스렌지야 켜져라!
엄마 : 꽃아 나와라!
엄마 : 떨어진 책아 책꽂이로 가라!
엄마 : 맛있는 밥을 차려라!
엄마 : 호호호 역시 스크래치 마법이 최고야!

동작

- 엄마는 이야기한다.
- 엄마가 '가스렌지' 메시지 방송하기를 하면 '불' 스프라이트가 보인다.
- 엄마가 '꽃아 나와라' 메시지 방송하기 하면 '꽃' 스프라이트가 보인다.
- 엄마가 '책꽂이로' 메시지 방송하기를 하면 '스크래치1' 스프라이트가 사라지고 '스크래치2' 스프라이트가 보인다.
- 엄마가 '밥 차리기' 메시지 방송하기를 하면 '식탁' 스프라이트의 그림이 '모양2'로 변한다.
- 엄마의 이야기는 '메시지 방송하기' 블록을 이용해서 연결되도록 합니다. 메시지 이름은 헷갈리지 않도록 '엄마 말하기1', '엄마 말하기2' ....순서로 정해서 하세요.
- '꽃', '불', '스크래치2'는 처음엔 숨겨져서 안보여야 하고 '스크래치1'은 보여야 합니다. '녹색 깃발'을 클릭하면 스토리가 시작됩니다. '녹색 깃발'을 클릭할 때 '꽃', '불', '스크래치2'는 사라지도록 해도 됩니다. 만약 여러분이 생각한 다른 방법이 있다면 그렇게 해 보세요.
- '식탁' 스프라이트는 '모양1'과 '모양2'가 있습니다. 처음에는 '모양1'이 보이고 메시지 방송을 받으면 '모양2'가 보이도록 합니다.
- 스토리의 순서에 맞게 설계해서 만들어 보세요.

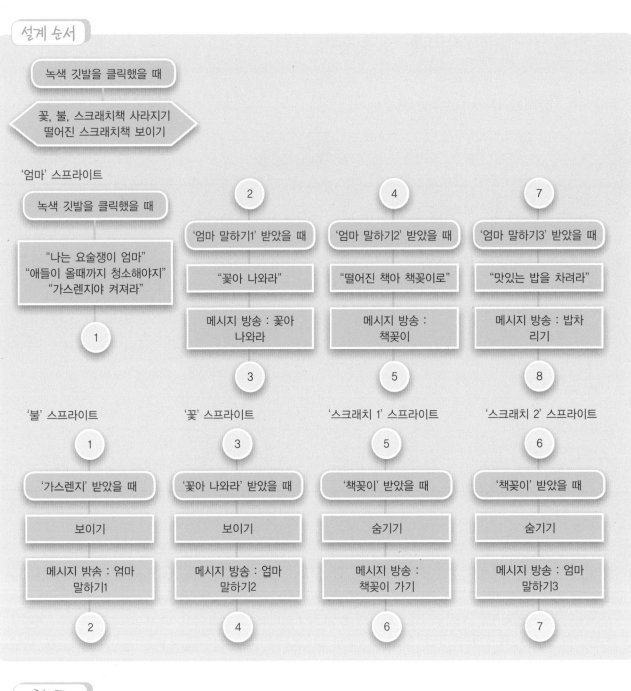

녹색 깃발을 클릭했을 때

꽃, 불, 스크래치책 사라지기
떨어진 스크래치책 보이기

'엄마' 스프라이트

녹색 깃발을 클릭했을 때

"나는 요술쟁이 엄마"
"애들이 올때까지 청소해야지"
"가스렌지야 켜져라"

①

② '엄마 말하기1' 받았을 때

"꽃아 나와라"

메시지 방송 : 꽃아
나와라

③

④ '엄마 말하기2' 받았을 때

"떨어진 책아 책꽂이로"

메시지 방송 :
책꽂이

⑤

⑦ '엄마 말하기3' 받았을 때

"맛있는 밥을 차려라"

메시지 방송 : 밥차
리기

⑧

'불' 스프라이트

①

'가스렌지' 받았을 때

보이기

메시지 방송 : 엄마
말하기1

②

'꽃' 스프라이트

③

'꽃아 나와라' 받았을 때

보이기

메시지 방송 : 엄마
말하기2

④

'스크래치 1' 스프라이트

⑤

'책꽂이' 받았을 때

숨기기

메시지 방송 :
책꽂이 가기

⑥

'스크래치 2' 스프라이트

⑥

'책꽂이' 받았을 때

숨기기

메시지 방송 : 엄마
말하기3

⑦

첫 화면 결과 화면

▶ 실습예제 : 8강 [생각하기 2] 파리를 잡아라

배가 고픈 도마뱀이 파리를 발견했습니다. 도마뱀이 파리를 잡는 2인용 게임을 만들어 보세요. 도마뱀과 파리는 특정 키를 이용하여 움직입니다.

동 작

· 게임은 녹색 깃발이 클릭되었을 때 시작하고 도마뱀과 파리가 양쪽에 떨어져 있도록 한다. game over 스프라이트 보이지 않도록 한다.
· 파리는 방향키를 이용하여 움직인다. 방향을 바꾸어가면 움직이도록 한다. 움직일 때 모양도 변경된다.
· 도마뱀은 S(왼쪽), F(오른쪽), E(위쪽), D(아래쪽)키를 이용하여 움직인다. 방향을 바꾸어가면서 움직이도록 한다. 움직일 때 모양도 변경된다.
· 도마뱀이 파리에 닿으면 게임 종료

설계 순서

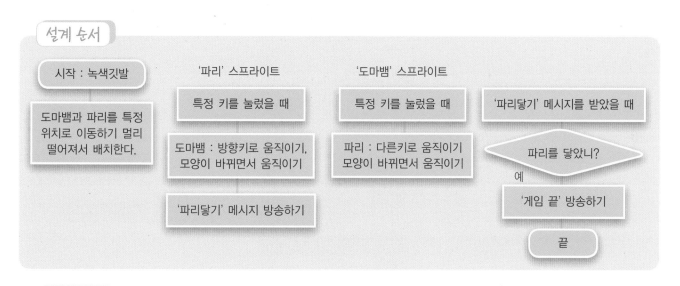

히 트

메시지 방송하기 [message1 ▼ 방송하기] 와 만약~라면 [만약 [ ] 라면] 블록 이용

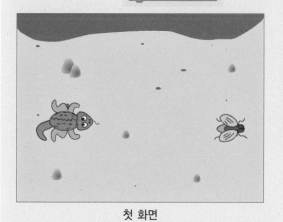

'도마뱀' 스프라이트 블록 사용 예

첫 화면

01 '엄마' 스프라이트를 클릭하고 그림과 같이 블록 코딩하세요.

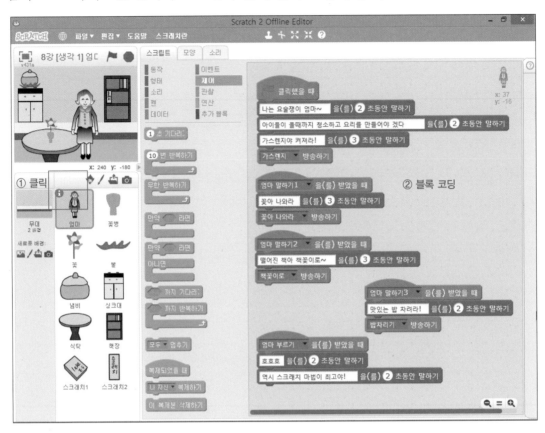

02 다음 스프라이트를 클릭하여 블록 코딩합니다.

① '불' 스프라이트

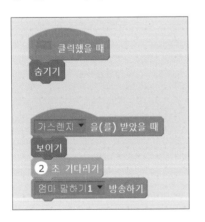

② '꽃' 스프라이트

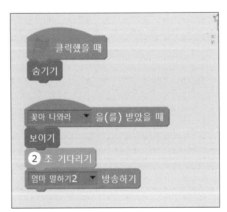

③ '스크래치 1' 스프라이트

④ '스크래치 2' 스프라이트

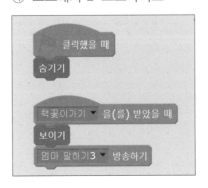

⑤ '식탁' 스프라이트

OI '파리1' 스프라이트를 클릭한 후 다음과 같이 블록 코딩합니다.

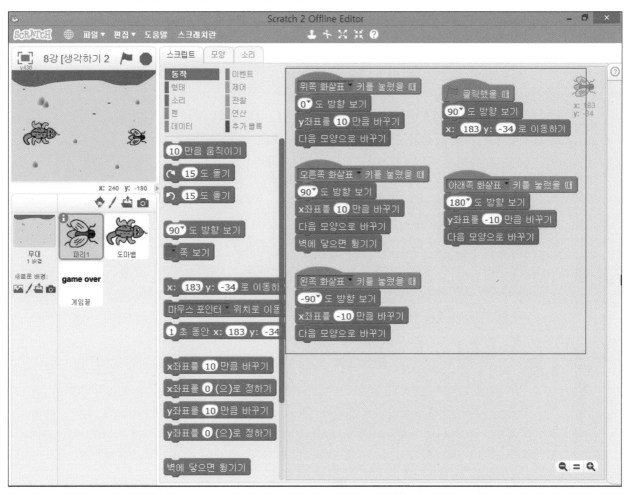

O2 '도마뱀'을 클릭한 후 다음과 같이 블록 코딩합니다.

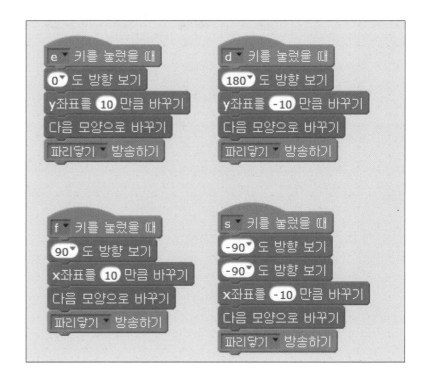

내 작품 만들기

1. 마법소년 캐돌이! 친구를 구하라

캐돌이가 길을 가다가 나쁜 친구들에게 괴롭힘을 당하는 우리반 친구를 만났어요. 캐돌이는 위험에 빠진 우리 친구를 어떻게 구할까요?

여러분이 직접 필요한 스프라이트 그림도 그리고 '시나리오'도 만들어서 메시지 방송하기와 지금까지 배운 블록을 사용해서 만들어 보세요.

캐돌이 : 나는 초능력자 캐돌이다.

캐니 : 캐돌아 도와줘!

나쁜 친구들 : 너는 누구야? 너도 우리한테 맞고 싶어!

캐돌이 : 내가 내 능력을 숨기고 있었는데..할 수 없지! 이얍!

나쁜 친구들이 하늘로 올라가거나 땅으로 내려가거나 한다.

나쁜 친구들 : 아~ 살려줘!

힌트

주요 블록요소 : 메시지 방송하기와 좌표를 이용해서 이야기를 만든다.

동작 : 깨돌이가 마법을 부리면 나쁜 친구들이 하늘과 땅으로 날아간다(좌표를 이용하기).

사용 스프라이트 : 깨돌이(초능력자), 캐니(친구들에게 괴롭힘 당하는 아이), 나쁜 친구1, 나쁜 친구2

- 캐니가 친구들에게 괴롭힘을 당하고 있다.
- 깨돌이가 나타난다.
- 깨돌이와 캐니, 나쁜 친구들이 대화한다.
- 깨돌이가 마법을 사용한다.
- 나쁜 친구들이 날라간다.

힌트를 참고해서 여러분의 상상으로 멋진 깨돌이 애니메이션을 만들어 주세요.

이렇게 생각해 보아요

작품을 만들기 전에 한 번 생각해 봅니다. 아래 표에서 단계별 지침을 잘 읽고 '생각 적기'에 적어 보세요.

단계	지침	생각 적기
1단계 분석	이 작품의 주요한 동작은 무엇인가요? 그리고 결과는 무엇일까요?	
2단계 설계	진행할 순서를 적어 보세요. 자유롭게 적어 봅니다.	
3단계 구현	위에 설계한 내용을 스크립트 화면에 직접 블록을 쌓아서 만들어 보세요.	
4단계 수정	실행이 잘 되었나요? 안되었다면 무엇이 문제일까요? 잘 생각한 후 수정해 보세요.	
5단계 응용	실행이 잘 되었군요! 잘했습니다. 그럼 이 작품에 무엇을 더 추가해서 만들어 볼까요? 먼저 추가하고 싶은 내용을 적어 보세요. 그리고 스크래치에서 블록을 쌓은 후 실행해 보세요.	

디지털 아트 3D펜 만들기

[펜] 블록을 이용하여 펜 색과 굵기를 변경하여 그릴 수 있다.

 [펜] 블록

 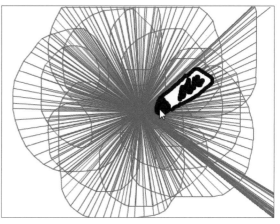

 체크포인트

미리 알아보기

펜 사용과 표현가능한 색상에 대해 알아보기

블록 익히기

1. 캐니가 움직이는 경로가 펜으로 표시되는 방법을 알아 봅니다.
2. 펜의 굵기와 색을 변경해 봅니다.
3. 펜의 색상과 굵기가 계속 변하게 하는 방법을 알아 봅니다.

생각하기

생각하기 1 – 점선을 그리는 연필을 만들어 봅니다.
생각하기 2 – 멈춰지지 않는 연필을 만들어 봅니다.
생각하기 3 – 미니 그림판을 만들어 봅니다.

내 작품 만들기

디지털 아트 그림을 그리는 펜을 만들어 봅니다.

펜 사용과 색상에 대해 알아보기

1. 펜 스크립트

스크래치에서 '펜' 스크립트에 가면 다음과 같은 블록들이 있습니다.

'펜' 블록은 무대에 연필처럼 글을 쓰거나, 스프라이트가 움직인 경로를 표시할 때 사용합니다. 그려진 펜을 지울 수도 있고 펜 색깔과 굵기, 명암 등을 바꿀 수 있습니다.

❶ 무대에 그려진 펜을 지운다.
❷ 해당 스프라이트와 똑같은 모양이 무대에 찍힌다.
❸ 무대에 펜을 그릴 때 사용한다.
❹ 펜을 그리는 것을 멈출 때 사용한다.
❺ 펜의 색깔을 지정한다. 실력쑥쑥 '표현 가능한 색' 참고
❻ 펜의 색깔이 정해진 수치만큼 계속 변경되어 보여진다.
❼ 펜 색의 수치를 정하고 정한 색이 표현된다.
❽ 펜의 명암이 정해진 수치만큼 계속 변경되어 보여진다.
❾ 펜 명암의 수치를 정하고 정한 명암이 표현된다.
❿ 펜 굵기가 정해진 수치만큼 계속 변경되어 보여진다.
⓫ 펜 굵기의 수치를 정하고 정한 색 굵기가 보여진다.

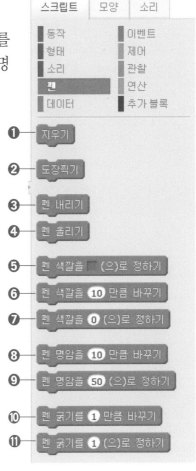

2. 표현 가능한 색상

블록이 숫자값에 따라 다른 색이 표현됩니다.

아래 그림은 빨간색부터 시작해서 10~200까지의 색상을 나타낸 것입니다.

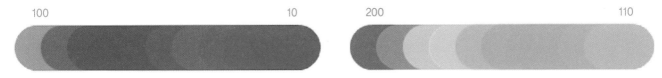

아래 그림은 파란색부터 시작해서 1~200까지의 색상을 나타낸 것입니다.

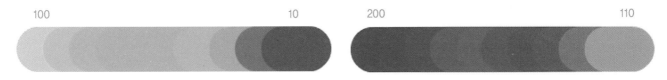

1. 스프라이트의 이동경로를 펜으로 표시하기

▶ 실습예제 : 9강 [블록 익히기 1] 펜 색 지정하기

01 캐니가 오른쪽 화살표키를 눌렀을 때 오른쪽으로 움직이도록 블록을 만들었어요. 캐니가 움직일 때 이동 경로에 따라 펜이 그려지도록 만들 어 볼게요.

02 '펜' 스크립트에서 블록을 그림과 같이 삽입합니다. 펜 색은 블록의 색판을 클릭한 후 마우 스를 원하는 색으로 가져가 클릭하 면 색판이 마우스가 위치한 색과 같 아져요.

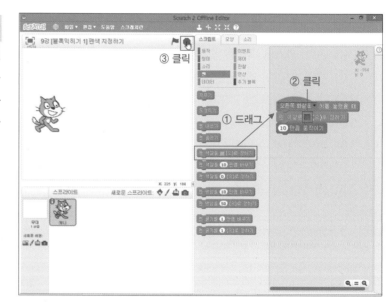

TIP

숭지 버튼과 똑같은 빨간색으로 블록 색 판이 변경

03 캐니를 움직여도 빨간선이 안 그려 지죠! 블록을 그림과 같이 삽입한 후 오른쪽 화살표키를 눌러 보세요. 빨간 선이 그려집니다.

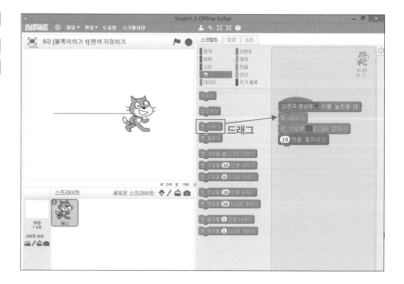

TIP

펜 지우기

'펜' 블록에 '지우기' 블록을 더블 클릭하면 무대의 선이 지워집니다.

2. 스프라이트가 이동할 때 펜 굵기를 변경하여 색 지정

▶ 실습예제 : 9강 [블록 익히기 2] 펜 굵기 변경하기

이 '펜' 스크립트에서 [펜 굵기를 ① (으)로 정하기] 블록을 그림과 같이 삽입한 후 숫자를 '10'으로 변경하고 오른쪽 방향키를 눌러 캐니를 움직여 보세요. 펜 굵기가 굵어졌네요.

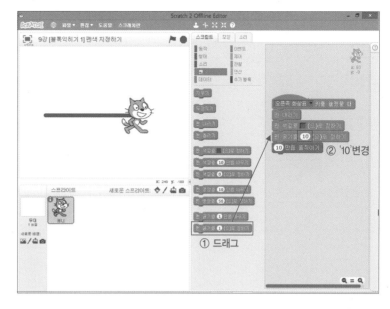

3. 달라지는 펜 색과 굵기

▶ 실습예제 : 9강 [블록 익히기 3] 달라지는 펜 색과 굵기

이 캐니가 움직일 때마다 펜 굵기와 펜 색이 변경되도록 해볼게요. 다음 그림과 같이 블록을 만들어 보세요. 캐니를 움직여 보세요. 오른쪽 방향키를 누를 때마다 펜 굵기가 1만큼씩 증가하기 때문에 펜이 점점 굵어졌습니다. 펜 색상은 10만큼씩 다르게 표현되었네요.

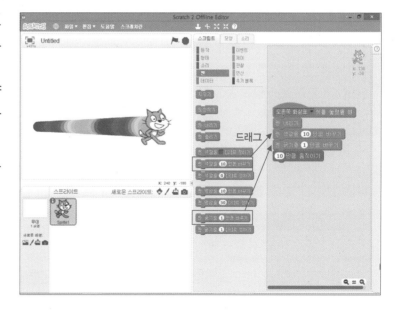

1. 도장찍기

도장찍기는 재미있는 블록입니다. 도장찍기를 하면 그림처럼 무대에 해당 스프라이트가 도장처럼 찍혀집니다. 꼭 캐니 스프라이트가 여러 개 있는 것 같지만 스프라이트 창을 보면 캐니 스프라이트는 하나예요. 그래서 무대에 찍힌 캐니는 도장이기 때문에 움직여지지 않아요. 그림에서 진짜 캐니는 누구일까요?

2. 마우스를 따라다니는 스프라이트

마우스를 움직일 때 고양이 스프라이트가 움직이도록 하는 블록 코딩을 해보겠습니다.

아래 두 가지 방법으로 코딩할 수 있습니다.

다음 그림과 같이 블록 코딩한 후 마우스를 움직여 확인해 보세요.

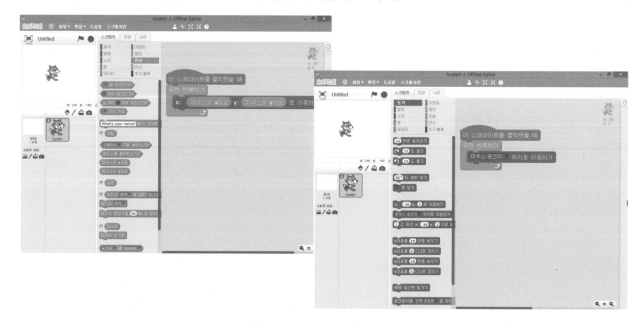

점선 그리기

▶ 실습예제 : 9강 [생각하기 1] 점선 그리기

점선을 그리는 펜을 만들어 보세요. 점선이 그려질 때마다 색이 변경됩니다.

· 녹색 깃발을 클릭하면 시작합니다.
· 펜 색은 10만큼씩 변경된 색이 표현되게 합니다.
· 펜 굵기는 10으로 정합니다.
· 점선이 10번만 그려지게 합니다.

▶ 실습예제 : 9강 [생각하기 2] 멈추지 않는 연필

무지개 색을 내는 펜이 멈추지 않고 계속 그려집니다. 만들어 보세요.

동작

· 녹색 깃발을 누르면 무대의 그림이 지워집니다.
· 연필 스프라이트를 클릭하고 마우스가 움직일 때 펜 스프라이트가 같이 움직이면서 그림이 그려 집니다.
· 펜이 여러 가지 색으로 그려지도록 합니다.
· 펜의 굵기는 여러분이 정합니다.

설계 순서

시작 : 녹색 깃발

무한반복

펜이 마우스 좌표따라 움직이기

펜 색 주기

펜 굵기 주기

힌트

▶ 실습예제 : 9강 [생각하기 3] 내 맘대로 연필

내 맘대로 그려지는 연필을 만들어 보세요. 파란 색상을 클릭했을 때 파란색 그림이 그려지고 지우개를 클릭했을 때 그림이 지워지도록 합니다.

동작

· 녹색 깃발을 클릭하면 그렸던 그림이 지워지고 연필이 마우스를 따라다니도록 합니다.
· 연필이 파란색 스프라이트를 클릭하면 파란색 그림이 그려집니다.
· 연필이 지우개 스프라이트를 클릭하면 흰색 그림이 그려져서 지우개효과가 보여집니다.
· 펜의 굵기는 여러분이 정합니다.

설계 순서

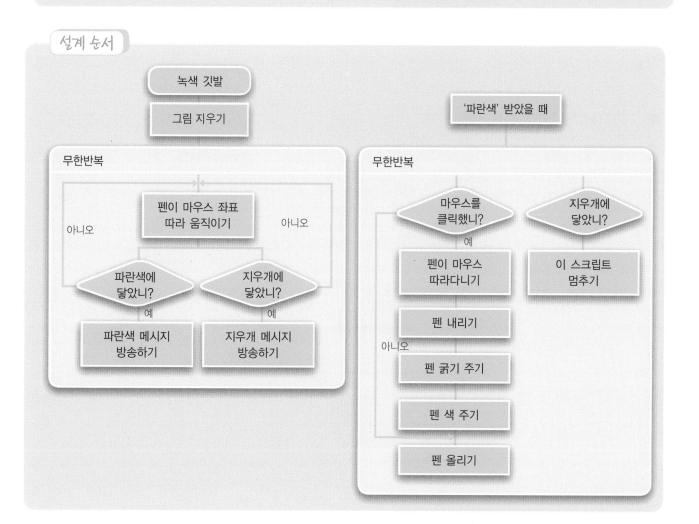

힌트

파란색으로 그림을 그린 후 지우개를 사용할 때는 파란색 그림을 그리는 동작이 멈추어야 지우개 동작이 제대로 실행됩니다.

01 다음과 같이 블록 코딩합니다.

스프라이트 클릭

```
클릭했을 때
10 번 반복하기
  펜 색깔을 10 만큼 바꾸기
  펜 굵기를 10 (으)로 정하기
  펜 내리기
  20 만큼 움직이기
  펜 올리기
  20 만큼 움직이기
```

01 '연필' 스프라이트에 다음과 같이 블록 코딩합니다.

```
클릭했을 때
지우기


이 스프라이트를 클릭했을 때
무한 반복하기
  x: 마우스의 x좌표 y: 마우스의 y좌표 로 이동하기
  펜 내리기
  펜 굵기를 3 (으)로 정하기
  펜 색깔을 10 만큼 바꾸기
```

스프라이트 클릭

01 마우스 따라 움직이는 펜을 만들고 파란색, 지우개 스프라이트를 클릭했을 때 동작이 실행되는 블록 코딩을 합니다.

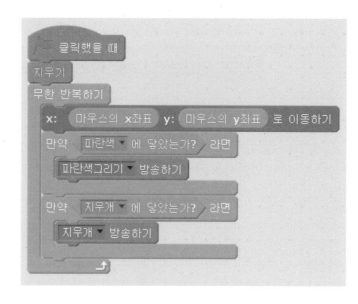

스프라이트 클릭

02 파란색 그리기 메시지 방송을 받았을 때 동작을 블록 코딩합니다.

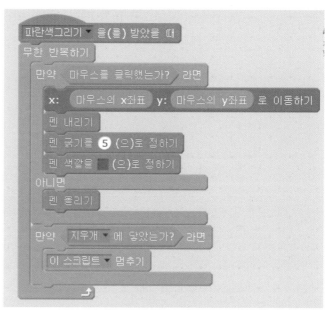

스프라이트 클릭

03 지우개 메시지 방송을 받았을 때 동작을 블록 코딩합니다.

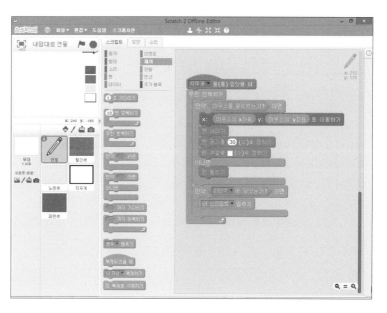

내가 만드는 디지털 아트 그림 그리기

▶ **실습예제 : 9강 [내 작품 만들기] 디지털 아트**

멋진 그림이 그려지는 펜을 만들어 봅니다. 마우스를 움직이기만 해도 멋진 디지털 아트가 그려지는 펜을 만들어 보세요. 저는 3D그림이 그려지는 3D펜을 만들어 볼게요. 저와 똑같이 만들어도 좋지만 여러분만의 아이디어로 만들어 보면 더 좋습니다.

동작

· 그림이 무대의 중앙에서 시작해서 마우스가 있는 위치까지 그려집니다.
· 무대 중앙의 좌표는 x:0, y:0입니다.
· 녹색 깃발을 클릭했을 때 무대에 그려진 그림이 지워지고 무대 중앙에서 마우스가 있는 위치까지 선이 그려집니다.
· 연필이 마우스가 움직이는 위치를 따라 움직이도록 합니다.
· 펜 색과 굵기를 줍니다.

힌트

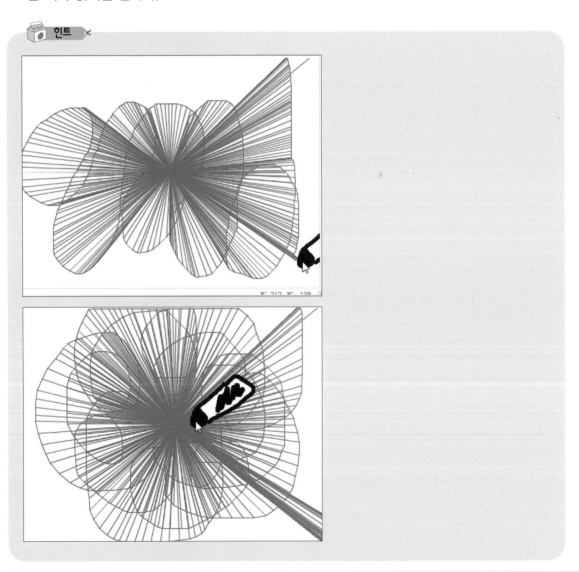

작품을 만들기 전에 한 번 생각해 봅니다. 아래 표에서 단계별 지침을 잘 읽고 '생각 적기'에 적어 보세요.

단계	지침	생각 적기
1단계 분석	이 작품의 주요한 동작은 무엇인가요? 그리고 결과는 무엇일까요?	
2단계 설계	진행할 순서를 적어 보세요. 자유롭게 적어 봅니다.	
3단계 구현	위에 설계한 내용을 스크립트 화면에 직접 블록을 쌓아서 만들어 보세요.	
4단계 수정	실행이 잘 되었나요? 안되었다면 무엇이 문제일까요? 잘 생각한 후 수정해 보세요.	
5단계 응용	실행이 잘 되었군요! 잘했습니다. 그럼 이 작품에 무엇을 더 추가해서 만들어 볼까요? 먼저 추가하고 싶은 내용을 적어 보세요. 그리고 스크래치에서 블록을 쌓은 후 실행해 보세요.	

열려라 참깨!

입력, 변수를 이해하고 사용할 수 있다.

 학습 기능

[관찰] , [데이터]의 블록을 이용하기

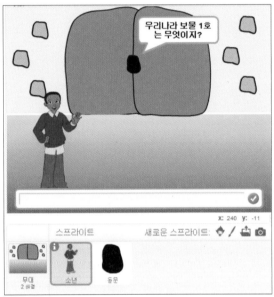

우리나라 보물 1호 는 무엇이지?

학습 요소

What's your name? 묻고 기다리기

대답

변수 만들기

체크포인트

미리 알아보기

입력과 변수에 대해 알아 봅니다.

블록 익히기

1. 캐니의 이름을 물어보는 입력상자를 만들어 봅니다.
2. 변수를 사용하여 몸에 좋은 음식을 먹으면 건강지수가 올라가도록 합니다.
3. 변수를 사용하여 몸에 안좋은 음식을 먹으면 면역력이 내려가도록 합니다.

생각하기

생각하기 1 – 바닷게가 쓰레기를 피해서 바닷속으로 가는 게임을 만들어 봅니다.
생각하기 2 – 돌문이 문제를 물어보고 맞추어야 문이 열리는 게임을 만들어 봅니다.

내 작품 만들기

세 가지 문제를 맞추어서 보물을 획득하는 게임을 만들어 봅니다.

 **입력과 변수에 대해 알아보기**

1. 입력이란?

입력은 컴퓨터가 처리할 데이터를 외부로부터 받아들이는 작업을 말합니다. 스크래치에서는 이런 컴퓨터의 입력기능과 비슷한 블록이 있습니다.

A 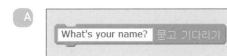　　　B

A블록을 이용해서 직접 사용자에게 값(문자 또는 숫자)을 받습니다. 그리고 입력받은 값은 B블록에 저장되어 있습니다. B블록에 저장된 값을 다른 처리로 화면에 보여지게 합니다.

예를들면

위의 그림과 같이 '~초 동안 말하기'에 사용하거나 변수의 값으로 정하기도 합니다. 스크래치의 여러 블록 중에 입력이 가능한 블록에 '대답' 블록을 삽입하여 사용합니다.

2. 변수(variable)란?

변수는 '변할 수 있는 수'를 말합니다. 값이 고정된 것이 아니라 처리로 인해 값이 변할 경우 변수를 사용합니다. 즉, 값이 변하는 수를 사용해야 할 경우 변수를 만들어 줍니다.

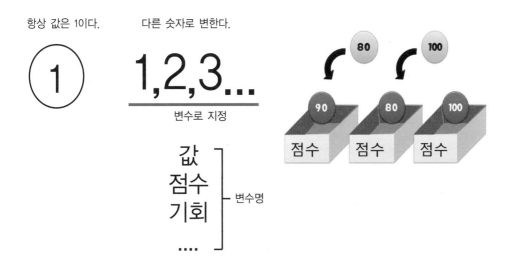

1. 입력상자로 묻고 대답블록 사용하기

▶ 실습예제 : 실습예제파일 없음. 스크래치를 실행한 후 연습

01 캐니가 이름을 물어보고 캐니가 답하는 블록을 만들어 볼게요. 먼저 그림과 같이 '관찰'에서 What's your name? 묻고 기다리기 블록을 드래그한 후 '나의 이름이 무엇일까요?'를 입력하고 대답 블록을 Hello! 을(를) 2 초동안 말하기 블록 'Hello!'에 삽입합니다.

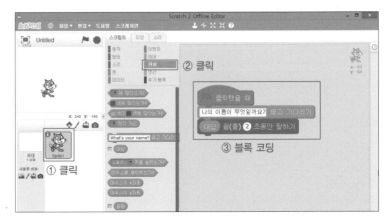

02 '녹색 깃발'을 클릭하면 그림과 같이 '입력상자'가 나타납니다.

03 '캐니'라고 입력한 후 Enter 키를 누르면 스프라이트는 '캐니'라고 답하는 말상자가 나타납니다.

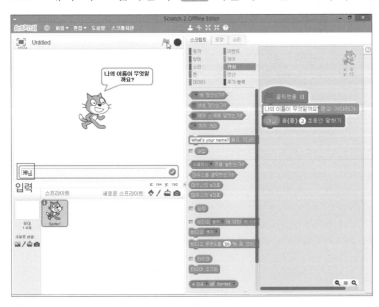

04 그럼 질문자가 있고 대답자가 있는 블록을 만들어 볼까요? '캐니(Sprite1)'를 클릭한 후 그림과 같이 블록을 만들어 주세요. 곰돌이(Bear2)를 클릭한 후 그림과 같이 블록을 만들어 주세요.

스프라이트 클릭

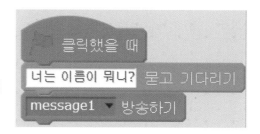

곰돌이(Bear2)가 대답하도록 하기 위해 '메시지 방송하기' 블록을 사용했습니다.

스프라이트 클릭

05 '녹색 깃발'을 클릭하면 입력상자가 나타납니다. '곰돌이'라고 입력하고 Enter 를 누르면 'Bear2' 스프라이트가 대답합니다.

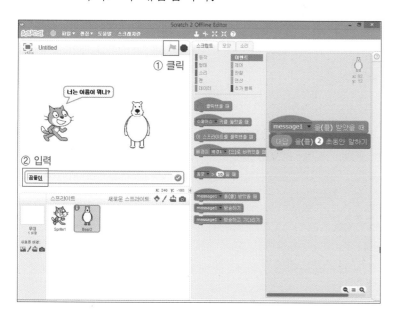

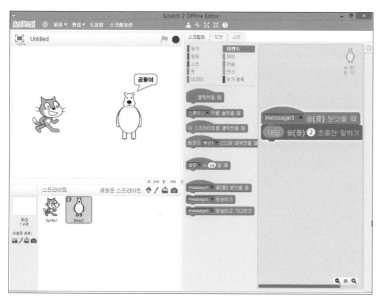

2. 값이 올라가는 변수 만들기

▶ 실습예제 : 10강 [블록 익히기 2] 숫자가 올라가는 변수

01 이번에는 변수를 만들어 볼게요. 캐니가 당근, 시금치, 오렌지를 먹을 때마다 '건강지수'가 올라가도록 만들어 볼게요. 캐니는 방향키로 상하좌우 움직입니다. '데이터'를 클릭하고 '새로운 변수' 창에 '건강지수'라고 입력한 후 [확인]을 클릭합니다.

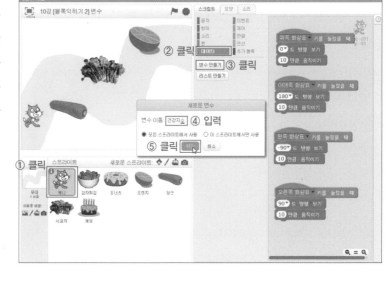

변수는 변할 수 있는 값이며, 값은 숫자 또는 문자가 올 수 있습니다.

02 '건강지수' 변수가 나타나고 변수에 사용할 수 있는 블록들이 나타납니다. 무대에는 `건강지수  0` 변수명과 값이 적힌 변수상자가 보여집니다.

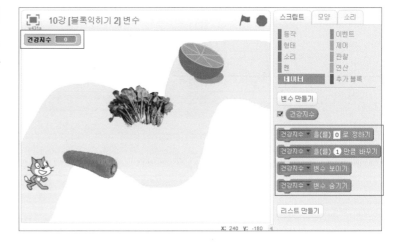

☑ 체크박스를 클릭하여 체크를 없애면 무대의 변수상자가 사라집니다.

03 무대에서 '시금치'가 캐니에 닿았을 때 '건강지수' 변수가 1씩 증가하도록 할게요. '제어'와 '관찰'에서 그림과 같이 블록을 가져온 후 '데이터'에서 `건강지수 을(를)❶ 만큼 바꾸기` 블록을 조건 블록의 실행부분에 삽입합니다.

스프라이트 클릭

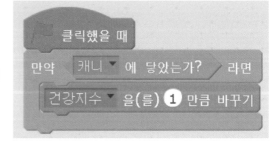

건강지수의 값을 1씩 증가합니다.
예) 1 → 2 → 3 → ....

04 이렇게 하고 실행해보면 '건강지수'의 값이 증가하지 않죠! 그림과 같이 무한반복을 넣고 캐니를 시금치로 움직여 주세요.

건강지수가 1만큼 변하지 않고 값이 계속 올라가네요. 왜 그럴까요? 무한반복이기 때문에 캐니가 시금치에 닿아있는 동안 건강지수는 1만큼씩 값이 계속 올라갑니다. 어떻게 해야 할까요?

스프라이트 클릭

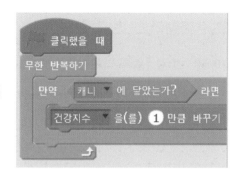

05 그래서 캐니가 시금치에 닿으면 바로 시금치가 사라지도록 할게요. '형태'에서 '숨기기' 블록을 가져옵니다. 다시 실행해 보기 위해 '건강지수' 값을 0으로 변경해야 합니다. '녹색 깃발'을 클릭할 때마다 '건강지수' 값이 0으로 초기화되면 좋겠네요. '데이터'에서 건강지수 을(를) 0 로 정하기 를 그림과 같이 삽입합니다.

스프라이트 클릭

건강지수값의 초기화는 조건 전에 삽입되어야 해요. 조건이 시작되기 전에 값이 0이 되어야 하기 때문이죠. 또 무한반복 위에 있어야 합니다. 무한반복 안에 두면 건강지수 값은 계속 0이 되니까요.

06 캐니를 움직여서 시금치로 이동해 보세요. 시금치는 사라지고 '건강지수'는 값이 1로 올라갑니다.

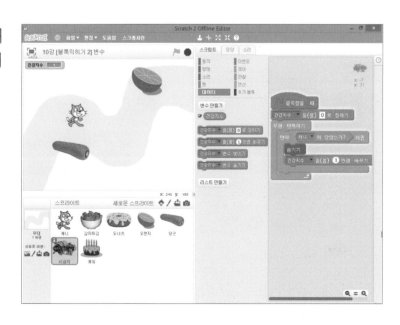

TIP

시금치의 블록스크립트를 당근과 오렌지 스프라이트에 드래그해서 복사하세요. 그럼 당근과 오렌지에 닿을 때도 '건강지수'가 1씩 증가됩니다.

3. 값이 내려가는 변수 만들기

▶ 실습예제 : 10강 [블록 익히기 3] 숫자가 내려가는 변수

01 이제 값이 내려가는 변수를 만들어 볼게요. '면역력'이라는 변수를 만들어서 '감자튀김', '케익', '도너츠'에 닿을 때 면역력이 떨어지도록 해볼게요. '데이터'를 클릭해서 '변수 만들기'를 클릭한 후 '면역력'이라고 입력하고 [확인]을 클릭합니다.

02 '면역력' 변수상자가 생겼고 '면역력' 변수도 생겼네요. 그림과 같이 블록을 가져온 후 '면역력'의 값은 '5'로 정하고 면역력은 '-1'만큼 바꾸기로 합니다. 그럼 면역력은 5부터 시작해서 -1씩 감소할 거에요.

⚑TIP

감자튀김 블록 스크립트를 '도너츠'와 '케익'에 드래그해서 복사하세요.

스프라이트 클릭

03 '녹색 깃발'을 클릭하면 그림과 같이 건강지수값과 면역력값이 지정됩니다. 캐니를 움직여 보세요. 당근에 닿으면 건강지수값이 1이 되고 감자튀김에 닿으면 면역력값이 4가 됩니다.

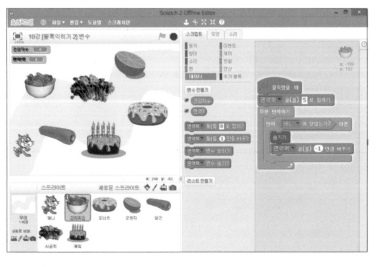

04 이제 게임을 즐겨 보세요. 캐니를 움직여 내가 먹고 싶은 음식으로 움직여 노란 미로를 빠져나가면 됩니다.

바닷게를 바닷속에 보내 주세요.

▶ 실습예제 : 10강 [생각하기 1] 바닷게 게임

바닷게가 해변에서 놀다가 이제 바닷속 집으로 가려고 합니다. 그런데 해변에 쓰레기가 너무 많아요. 바닷게가 쓰레기를 피해 바다로 갈 수 있도록 게임을 만들어 보세요.

동작

- 바닷게는 방향키를 이용하여 상하좌우로 움직인다.
- 콜라, 과자봉지, 컵라면은 좌우로 계속 움직인다. 바닷게는 움직이는 쓰레기를 피해서 바다로 간다.
- 쓰레기에 닿으면 변수가 −1씩 감소한다. 변수이름 : '목숨', 목숨은 3개이다.
- 목숨이 0이 되면 '쓰레기를 줄여 주세요' 스프라이트가 보이고 게임은 멈춘다.
- 바다 선에 닿으면 바닷게는 '성공'이라고 말한다.

설계 순서

아래는 기본적인 동작의 설계순서입니다. 게임이 잘 진행되도록 다른 동작을 하는 블록을 사용하면 좋습니다.

크랩 스프라이트

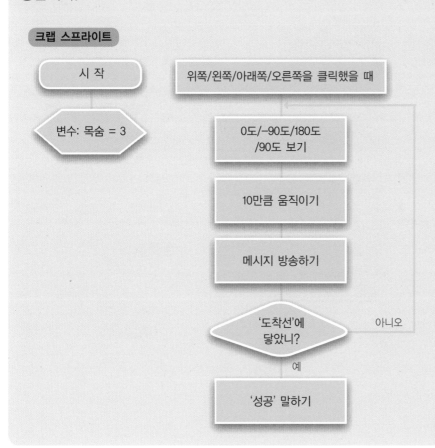

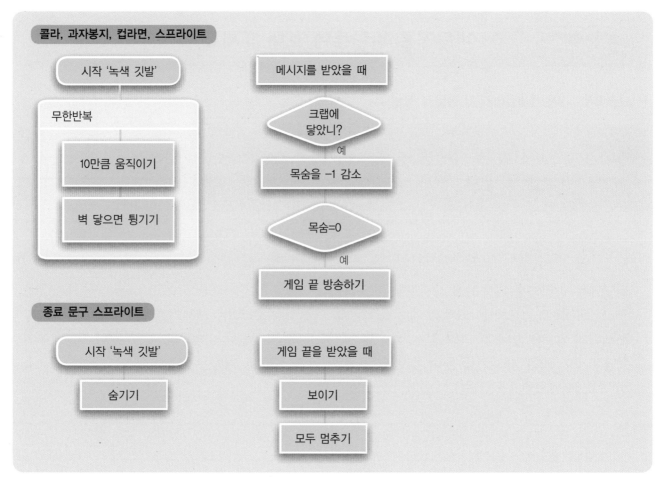

콜라, 과자봉지, 컵라면, 스프라이트

시작 '녹색 깃발'

무한반복
- 10만큼 움직이기
- 벽 닿으면 튕기기

종료 문구 스프라이트

시작 '녹색 깃발'

숨기기

메시지를 받았을 때

크랩에 닿았니?
예
목숨을 -1 감소

목숨=0
예
게임 끝 방송하기

게임 끝을 받았을 때

보이기

모두 멈추기

힌트

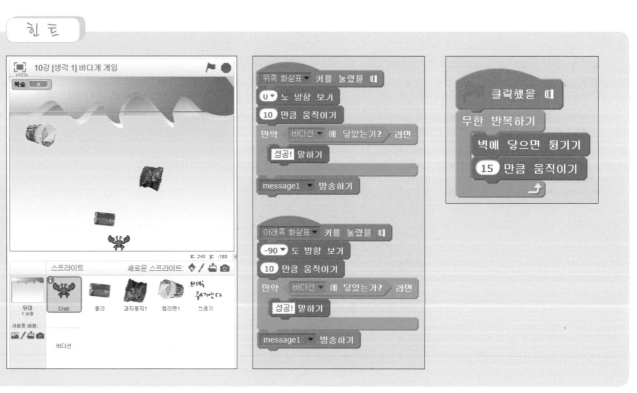

▶ 실습예제 : 10강 [생각하기 2] 열려라 참깨

소년이 보물이 가득한 곳을 발견했어요. 그런데 돌문으로 굳게 닫혀 있습니다. 돌문이 말하는 문제를 맞추어야 문이 열려요. 만들어 보세요.

동작

· 돌문이 먼저 말을 합니다. "이 문제를 맞추어야 문을 열 수 있다."
· 돌문의 문제는 "우리나라 보물 1호는 무엇이지?" 답은 '흥인지문'이다.
· 정답을 맞추면 돌문은 "정답"이라고 말하고 문이 열린 무대배경으로 바뀐다.
· 답이 틀리면 돌문은 "틀렸어"라고 말한다.

설계 순서

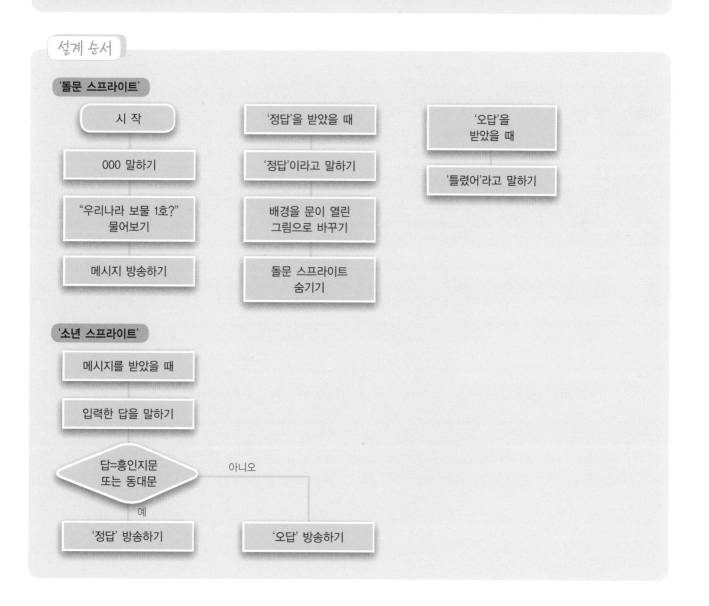

'돌문 스프라이트'

| 시 작 |

| 000 말하기 |

| "우리나라 보물 1호?" 물어보기 |

| 메시지 방송하기 |

| '정답'을 받았을 때 |

| '정답'이라고 말하기 |

| 배경을 문이 열린 그림으로 바꾸기 |

| 돌문 스프라이트 숨기기 |

| '오답'을 받았을 때 |

| '틀렸어'라고 말하기 |

'소년 스프라이트'

| 메시지를 받았을 때 |

| 입력한 답을 말하기 |

답=흥인지문 또는 동대문 — 아니오 — '오답' 방송하기

예 — '정답' 방송하기

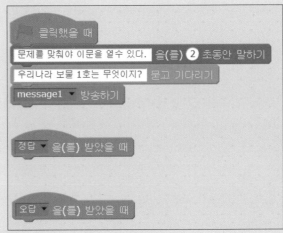

대답 = 흥인지문

질문을 더 넣어 보세요.
질문 : "우리나라 국보 1호는 무엇이지?", 답: '숭례문'

생각적기

01 '게' 스프라이트를 클릭한 후 다음과같이 블록 코딩합니다.

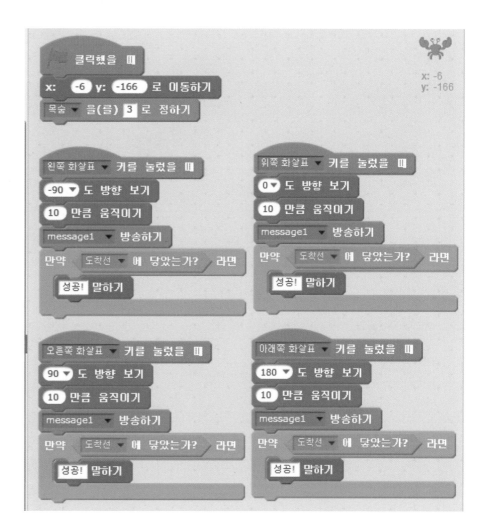

스프라이트 클릭

02 '콜라' 스프라이트를 클릭한 후 다음과 같이 블록
코딩합니다.

스프라이트 클릭

03 '과자봉지 1'을 클릭한 후 다음과 같이 블록 코딩
합니다.

스프라이트 클릭

04 '컵라면 1'을 클릭한 후 다음과 같이
블록 코딩합니다.

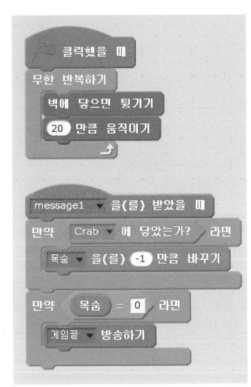

스프라이트 클릭

05 '종료문구'를 클릭한 후 다음과 같
이 블록 코딩합니다.

스프라이트 클릭

01 '소년'을 클릭한 후 다음과 같이 블록 코딩합니다.

스프라이트 클릭

02 '돌문'을 클릭한 후 다음과 같이 블록 코딩합니다.

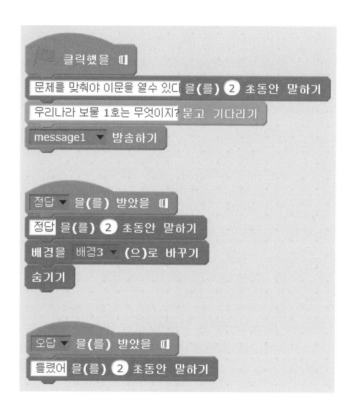

스프라이트 클릭

내 작품 만들기

보물문을 열어라

▶ **실습예제 : 10강 [내 작품 만들기] 보물문을 열어라**

소년이 보물이 가득한 장소를 알아 냈습니다. 그런데 문이 굳게 잠겨 있네요. 문을 열기 위해서는 세 가지 질문에 답해야 합니다.

소년은 보물이 가득한 저 문을 열 수 있을까요?

아래 '동작'의 내용을 참고하여 만들어 보세요. 여러분이 창의적인 동작을 구상한 후 적용해도 좋습니다.

동작

변수 이름 : 문제, 목숨, 정답

문제 변수는 첫 번째 문제가 나오면 1 보이기, 두 번째 문제가 나오면 2 보이기

목숨 변수는 3부터 시작해서 틀린 답을 말할 때마다 하나씩 줄어든다.

3번의 문제를 다 맞추어서 정답이 3이 되면 성공하여 문이 열리고

3번의 목숨을 다 쓰면 소년은 개구리로 변한다.

대화 내용

문 : 너는 누구냐?

소년 : 나는 OOO이야~ 문을 열어줘.

문 : 그럼 내가 내는 세 가지 질문에 답을 말해야 한다.

소년 : 좋아!

문 : 그리고 너에게 목숨은 세 번 주어진다. 문제의 답이 틀리면 목숨이 하나씩 줄게 되지.

세 번의 목숨이 없어지면 너는 벌을 받을 것이다. 괜찮으냐?

소년 : 좋아!

문 : 아래 나타나는 입력상자에 답을 쓰거라.

문제 1 24×35? (840)

문제 2 이순신 장군이 전사하신 해전 이름? (노량해전)

문제 3 증발할 때 물은 없어지는 것이 아니라 (   )상태로 변하여 공기 중에 날아간다? (수증기)

소년 : 입력상자가 나타나고 답을 쓴다.

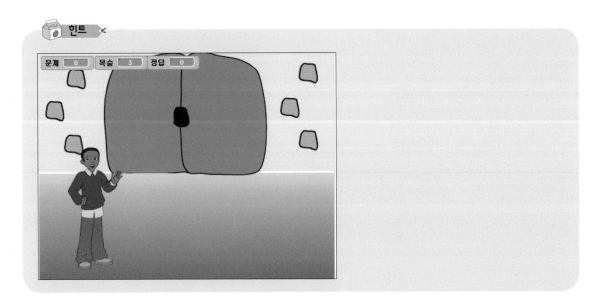

작품을 만들기 전에 한 번 생각해 봅니다. 아래 표에서 단계별 지침을 잘 읽고 '생각 적기'에 적어 보세요.

단계	지침	생각 적기
1단계 분석	이 작품의 주요한 동작은 무엇인가요? 그리고 결과는 무엇일까요?	
2단계 설계	진행할 순서를 적어 보세요. 자유롭게 적어 봅니다.	
3단계 구현	위에 설계한 내용을 스크립트 화면에 직접 블록을 쌓아서 만들어 보세요.	
4단계 수정	실행이 잘 되었나요? 안되었다면 무엇이 문제일까요? 잘 생각한 후 수정해 보세요.	
5단계 응용	실행이 잘 되었군요! 잘했습니다. 그럼 이 작품에 무엇을 더 추가해서 만들어 볼까요? 먼저 추가하고 싶은 내용을 적어 보세요. 그리고 스크래치에서 블록을 쌓은 후 실행해 보세요.	

11장 수학천재 캐니

다양한 조건과 연산을 이용할 수 있다

[연산] 블록 사용하기

학습기능

학습요소

체크포인트

미리 알아보기

연산과 난수에 대해서 알아 봅니다.

블록 익히기

1. 내가 입력한 값을 더하기 하는 캐니를 만들어 봅니다.
2. 입력한 값들의 평균을 구하는 캐니를 만들어 봅니다.
3. 무작위로 나오는 값들의 합을 말하는 캐니를 만들어 봅니다.

생각하기

생각하기 1 – 어떤 구구단 문제도 척척 맞추는 캐니를 만들어 봅니다.
생각하기 2 – 나의 수학실력은 몇 점일까요? 캐니가 말하는 계산 문제를 맞추는
게임을 만들어 봅니다.

내 작품 만들기

장애물을 피해서 미로를 탈출하는 게임을 만들어 봅니다.

연산과 난수에 대해서 알아보기

1. 연산(Operation)

수학에서 연산은 수나 식을 정해진 규칙으로 계산하는 것을 말하며, 대표적으로 덧셈(+), 뺄셈(−), 곱셈(×), 나눗셈(÷) 등의 연산기호를 가지고 있습니다. 이를 사칙연산이라고 하죠! 컴퓨터에서의 연산은 산술연산, 논리연산, 관계 연산 등이 있습니다.

스크래치에서는 다음과 같은 연산 블록을 사용하여 코딩할 수 있습니다.

연산명	사용 블록	사용 예
산술연산 (+, −, ×, ÷)	○ + ○ ○ - ○ ○ × ○ ○ / ○	점수 + 1 컴퓨터 + 과학 x 좌표 of Sprite1 - 10
논리연산 논리곱(and) 논리합(or) 부정(not)	그리고 또는 아니다	벽 에 닿았는가? 그리고 ■ 색에 닿았는가?
관계연산 두 개수의 수, 문자 비교 참과 거짓 출력	○ < ○ ○ = ○ ○ > ○	점수 < 10 컴퓨터 = 과학 3 > 2

연산블록에는 숫자, 변수, 관찰 스크립트에 있는 블록 등을 사용할 수 있고 연산 블록에 또 다른 연산 블록을 결합해서 사용할 수도 있습니다.

10 + 10 × 10　　　3 > 컴퓨터 > 10

2. 난수(Random Number)

난수는 주어진 범위 또는 조건에서 무작위로 만들어지는 수를 말합니다. 누구도 어떤 수가 나올지 알 수 없는 수를 말합니다.

그럼 어떤 경우에 사용될 수 있을까요?

난수블록은 다음과 같이 다른 블록과 조합하여 사용됩니다.

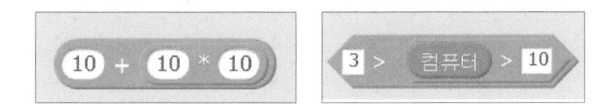

1 부터 10 사이의 난수 만큼 움직이기

x: 1 부터 10 사이의 난수 y: 1 부터 10 사이의 난수 로 이동하기

1 부터 100 사이의 난수 묻고 기다리기

1. 더하기 하기

▶ 실습예제: 실습예제 없음. 스크래치 첫 화면에서 수업하세요.

O1 이번에는 '연산' 블록에서 계산하는 방법에 대해 알아 보겠습니다. '더하기'하는 캐니를 만들어 볼게요. 숫자를 입력받고 캐니가 답을 말하도록 만들겠습니다. 숫자를 입력받기 위해서는 `What's your name? 묻고 기다리기` 블록이 필요하겠죠! 그림과 같이 블록을 가져온 후 문자를 바꿔 주세요.

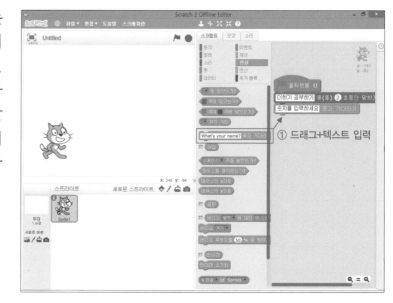

O2 자! 우리는 10장에서 '변수'에 대해 배웠습니다. 입력받은 숫자를 저장할 곳이 필요해서 '변수'를 사용하겠습니다. 그림과 같이 3개의 변수를 만든 후 `총점 ▼ 을(를) 0 로 정하기` 블록을 가져와서 '대답'을 삽입합니다. `숫자를 입력하세요 묻고 기다리기` 에서 말한 값이 `대답` 블록에 있으므로 이 블록에 있는 값을 '숫자1' 변수에 넣어 준 것입니다.

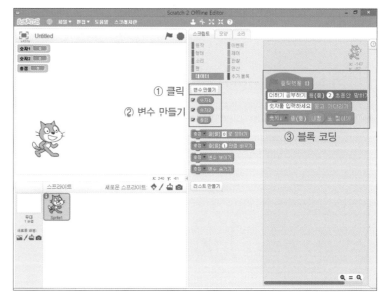

TIP

왜 변수를 사용해야 되죠?

여기서는 숫자 두 개를 여러분이 직접 입력하도록 합니다. 입력받은 두 개의 숫자를 저장해 두었다가 '연산' 블록에서 계산할 때 사용하기 위해서입니다. 그래야 계산을 할 수 있으니까요. 그런 다음 계산할 결과값을 저장할 곳도 있어야겠죠! 그래서 결과값을 저장할 변수가 또 필요하게 되죠! 여기서는 3개의 변수가 필요합니다.

변수명	입력받은 값	결과	블록
숫자1	5	'5'를 숫자1에 저장	숫자1 ▼ 을(를) 대답 로 정하기
숫자2	3	'3'을 숫자2에 저장	숫자2 ▼ 을(를) 대답 로 정하기
총점	8	'8'을 총점에 저장	총점 ▼ 을(를) 숫자1 + 숫자2 로 정하기

03 이제 두 번째 숫자를 묻고 그 값을 '숫자2' 변수에 넣어 주세요. 그리고 이 두 숫자를 더하기 하겠습니다. '연산'에서 을 가져온 후 '데이터'에서 '숫자1'과 '숫자2' 변수를 숫자1 + 숫자2 에 삽입해 주세요. 이 연산을 '총점' 변수에 넣습니다.

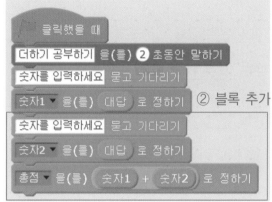

① 스프라이트 클릭

04 마지막으로 '캐니'가 '총점'을 말하도록 해줄게요.

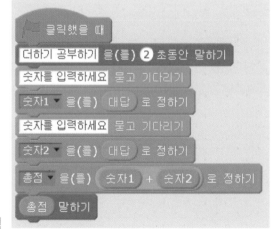

스프라이트 클릭

변수상자를 더블클릭하면 변수상자 모양이 바뀝니다.

2. 평균 계산하기

▶ 실습예제: 실습예제 없음. 스크래치 첫 화면에서 수업하세요.

OI 이제 평균을 계산해 볼게요. 컴퓨터, 국어, 수학의 점수를 입력해서 캐니가 평균을 계산하도록 만들어 봅니다. 변수가 몇 개 필요할까요?

필요한 변수 : 컴퓨터, 국어, 수학, 총점, 평균

평균 계산방법 : 컴퓨터 + 국어 + 수학 = 총점
총점/3 = 평균

3개 이상의 값을 더하는 블록

 블록에 블록을 겹쳐서 삽입해 주면됩니다.

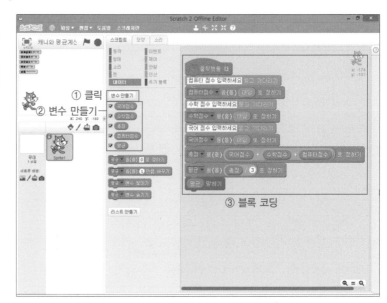

③ 블록 코딩

---

3. 난수 사용하기

▶ 실습예제: 실습예제 없음. 스크래치 첫 화면에서 수업하세요

OI 난수를 사용해 보겠습니다. '연산' 블록에 를 가져와서 그림과 같이 블록을 만든 후 '녹색 깃발'을 클릭해 보세요. 캐니가 1~10사이 숫자 중에 무작위로 숫자를 말합니다. 지정된 숫자 사이에 값을 무작위로 만들어내는 것이 난수입니다.

스프라이트 클릭

O2 난수를 이용해서 값을 받아 더하기 하는 것을 만들어 볼게요. 다음과 같이 블록을 만들어 볼까요?

스프라이트 클릭

O3 '숫자1'과 '숫자2'가 무작위로 정해져서 '합계'가 보여지는 것을 확인할 수 있어요.

실력 쑥쑥

그리고 또는 조건

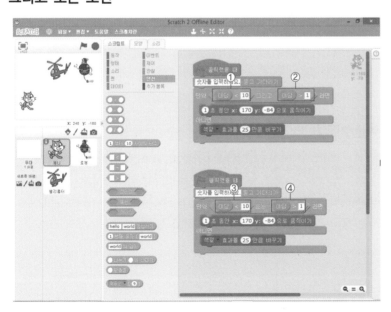

〈그리고 연산〉

대답이 10보다 작고 대답이 1보다 클 경우 캐니가 움직입니다. ①조건과 ②조건이 다 만족할 때 캐니가 움직여요. 즉, 9, 8, 7, 6, 5, 4, 3, 2 숫자를 입력하면 움직이고 그 외 숫자를 입력하면 캐니의 색이 변합니다.

〈또는 연산〉

대답이 10보다 작거나 대답이 1보다 클 경우 캐니가 움직입니다. ③조건과 ④조건 중 하나만 만족해도 캐니가 움직여요. 즉, 10보다 작은 모든 수(9, 8, 7, 6, 5, ... 0, -1,-2....) 1보다 큰 모든 수(2, 3, 4, ...10, 20, 30 ....)에 움직이고 그 외 숫자를 입력하면 캐니의 색이 변합니다. 이 블록 코딩은 조건의 결과가 모든 수를 말하고 있네요. 어떤 수를 입력하던지 캐니는 움직입니다.

그리고 또는 연산은 아래 그림처럼 조건을 줄 수도 있습니다.

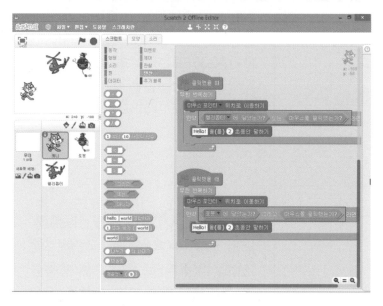

또는 연산은 헬리콥터에 닿기만 해도 'Hello'라고 말합니다. 마우스를 클릭하기만해도 'Hello'라고 말합니다.

그리고 연산은 로봇에 닿기만하면 'Hello'라고 말하지 않아요. 로봇에 닿은 상태에서 마우스를 클릭해야 'Hello'라고 말합니다.

1. 10초 타이머 만들기

1초, 2초, 3초 .... 초단위 시간의 흐름이 보여지는 타이머를 만들고 싶다면 아래와 같이 블록 코딩합니다.

'시간 〉 9'에서 10이라고 적지않고 9라고 입력한 이유가 무엇일까요?

시간이 9보다 클때까지 반복하기입니다. 처음에 시간은 0부터 시작되어 0, 1, 2, 3, 4, 5, 6, 7, 8, 9에서 '9 〉 9'에서 9는 9보다 크지 않으므로 다시 반복하여 '10 〉 9'가 되어 반복을 중지합니다.

그래서 시간변수 상자에 10으로 입력되는 것입니다.

만약 '시간 〉 10'을 입력했다면 시간변수 상자는 몇이라고 보여질까요? 11이라고 보여집니다.

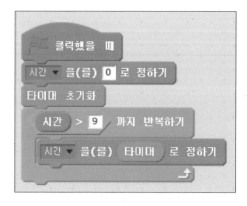

시간변수 상자에 표시되는 타이머는 소숫점 3자리까지 보여집니다. 소숫점을 안보이게 하려면 '반올림'에 타이머를 넣어 주세요.

2. 숫자가 내려가는 타이머 만들기

3. '타이머' 블록

'관찰' 스크립트에서 '타이머'에 체크하면 타이머 상자가 나타납니다. '타이머 초기화' 블록을 사용하면 타이머를 '0'으로 초기화한 후 시간이 흐르도록 할 수 있습니다.

스크래치는 진행되는 타이머를 멈출 수가 없습니다. 타이머는 체크됨과 동시에 계속 시간이 흐릅니다. 또한 타이머의 진행되는 숫자를 가지고 연산이나 조건에 사용할 수 없습니다.

▶ 실습예제: 11강 [생각하기 1] 수학천재 캐니

캐니가 열심히 구구단을 암기했어요. 여러분에게 자랑하려고 합니다. 어떤 단수를 말해도 척척 정답을 말할 수 있도록 캐니를 구구단 박사로 만들어 보세요.

동작

· 입력상자로 단의 수와 값을 받고 캐니가 정답을 말하도록 합니다.
· 문제 수는 총 5문제가 나오도록 하고 문제 수는 1씩 증가됩니다.
· 필요한 변수를 알아보고 변수명을 적어봅니다. (값, 단의 수, 문제 수, 정답)
· 완성된 후 단의 수와 값, 정답의 변수상자는 무대에서 숨깁니다.
· 캐니의 대화는 다음과 같이 진행합니다. (여러분이 원하는 대화로 만들어도 좋습니다.)

  #1 "나는 구구단 박사"
  #2 "무엇이든지 물어봐"
  #3 "00＊00=00"
  #4 (총 5문제가 끝나면) ㅎㅎ나 잘하지!

설계 순서

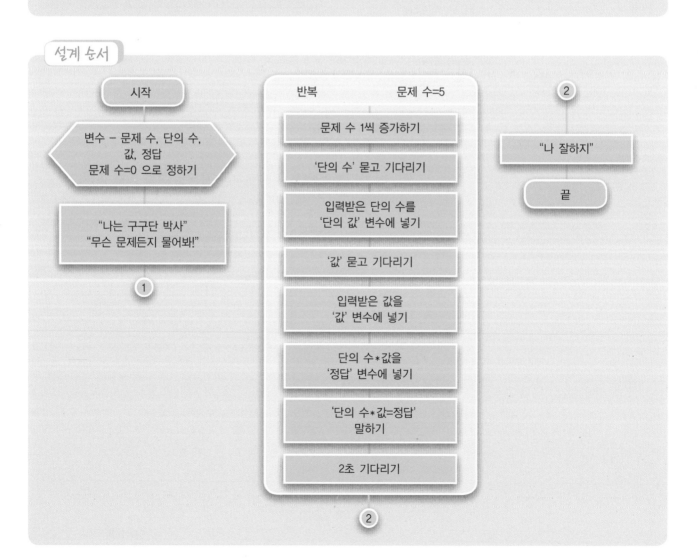

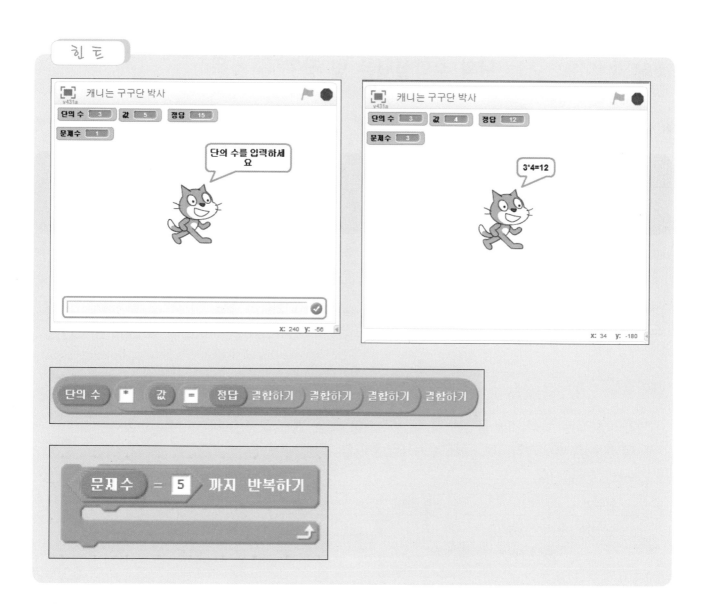

▶ 실습예제: 11강 [생각하기 2] 수학실력

수학천재 캐니가 문제를 냅니다. 더하기를 계산하는 문제입니다. 캐니가 내는 문제를 여러분이 답하는 게임이에요. 총 문제는 10문제! 여러분은 몇 점을 받을 수 있을까요? 더하기 게임을 만들어 보세요.

TIP

아래 동작, 설계, 힌트를 참고해서 코딩합니다. 동작, 설계에서 여러분의 창의적인 생각을 추가해서 코딩해도 좋습니다.

동작

· 게임의 시작은 '녹색 깃발'을 클릭할 때 시작되며, 모든 변수 값은 0부터 시작되게 합니다.
· 문제 수는 총 10문제입니다. 문제 수는 1씩 증가합니다.
· 변수는 정해줍니다.

변수명	변수 의미
문제 수	문제를 표시한다
값1	더하기할 값이다.
값2	더하기할 값이다.
정답	더한 값을 저장한다.
점수	문제의 답을 맞추면 점수가 10 증가한다.

· 값1과 값2는 1-100까지 임의의 수를 받아지도록 합니다.
· 답을 나에게 묻도록 합니다.
· 정답과 내가 입력한 답이 같으면 점수가 올라갑니다.
· 10문제가 다 끝나면 "너의 점수는 00점이야"라고 말합니다.
· 값1, 값2, 정답 변수는 숨깁니다.

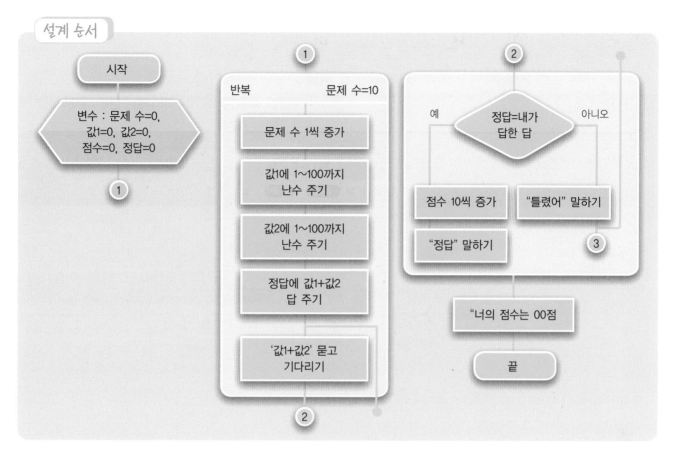

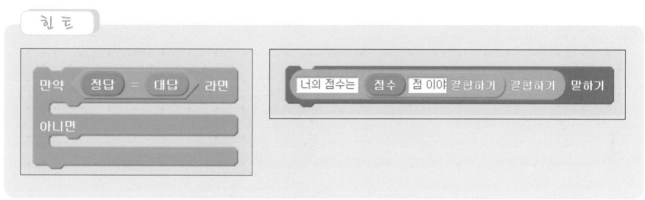

생각 더하기

▶ **실습예제: 11강 [생각하기 2 더하기] 레벨올라가는 계산게임**

1. 더하기 게임 레벨 업 만들기 : 3문제 중 30점 이상이면 레벨 2로 넘어가서 빼기문제가 나오도록 해보세요.

o| 다음과 같이 변수를 만들고 블록 코
딩합니다.

스프라이트 클릭

o| 다음과 같이 변수를 만들고 블록 코
딩합니다.

스프라이트 클릭

OI 다음과 같이 '메시지 방송하기'를 삽입하고 레벨2 빼기 게임을 하는 블록 코딩을 만들어 봅니다.

```
클릭했을 때
더하기 계산문제 을(를) 2 초동안 말하기
총 3문제야~시작한다. 을(를) 2 초동안 말하기
문제수 ▼ 을(를) 0 로 정하기
점수 ▼ 을(를) 0 로 정하기
  점수 = 30 까지 반복하기
    정답 ▼ 을(를) 0 로 정하기
    문제수 ▼ 을(를) 1 만큼 바꾸기
    숫자1 ▼ 을(를) 1 부터 100 사이의 난수 로 정하기
    숫자2 ▼ 을(를) 1 부터 100 사이의 난수 로 정하기
    정답 ▼ 을(를) ( 숫자1 + 숫자2 ) 로 정하기
    정답을 입력하세요 묻고 기다리기
    만약 ( 정답 = 대답 ) 라면
      점수 ▼ 을(를) 10 만큼 바꾸기
      정답! 을(를) 2 초동안 말하기
      다음문제! 을(를) 2 초동안 말하기
    아니면
      틀렸어! 을(를) 2 초동안 말하기
    만약 ( 문제수 = 3 ) 라면
      이 스크립트 ▼ 멈추기
message1 ▼ 방송하기
```

```
message1 ▼ 을(를) 받았을 때
레벨2 빼기 계산문제 을(를) 2 초동안 말하기
총 10문제야~시작한다. 을(를) 2 초동안 말하기
문제수 ▼ 을(를) 0 로 정하기
점수 ▼ 을(를) 0 로 정하기
  점수 = 30 까지 반복하기
    정답 ▼ 을(를) 0 로 정하기
    문제수 ▼ 을(를) 1 만큼 바꾸기
    숫자1 ▼ 을(를) 1 부터 100 사이의 난수 로 정하기
    숫자2 ▼ 을(를) 1 부터 100 사이의 난수 로 정하기
    정답 ▼ 을(를) ( 숫자1 - 숫자2 ) 로 정하기
    정답을 입력하세요 묻고 기다리기
    만약 ( 정답 = 대답 ) 라면
      점수 ▼ 을(를) 10 만큼 바꾸기
      정답! 을(를) 2 초동안 말하기
      다음문제! 을(를) 2 초동안 말하기
    아니면
      틀렸어! 을(를) 2 초동안 말하기
    만약 ( 문제수 = 3 ) 라면
      이 스크립트 ▼ 멈추기
```

내 작품 만들기

미로 게임 만들기

▶ **실습예제 : 11강 [내 작품 만들기] 미로 게임 만들기**

캐니가 미로를 빠져나가는 게임을 만들어 봅니다. 움직이는 장애물을 피해 미로를 빠져나가
도록 하세요. 게임은 레벨1,2,3으로 진행하도록 합니다.

동작

· 캐니가 왼쪽에서 시작해서 오른쪽 출구에 도착합니다.

· 레벨1, 레벨2, 레벨3까지 게임이 진행되고 레벨3을 완성하면 '완성했다'는 문구가 보이고 게임
  이 종료됩니다.

· 각 레벨의 진행시간은 60초입니다. 60초 안에 진행을 못하면 '게임 아웃'되고 처음부터 다시
  시작합니다.

· 각 레벨에는 움직이는 장애물이 있습니다. 움직이는 장애물에 닿아도 '게임 아웃'되고 처음부
  터 다시 시작합니다.

· 장애물 움직이게 하기 – 직사각형에 '파란 점'을 두고(각자 원하는 표시를 하면 됩니다.) 미로
  에 닿으면 반대로 회전하여 가도록 합니다.

힌트

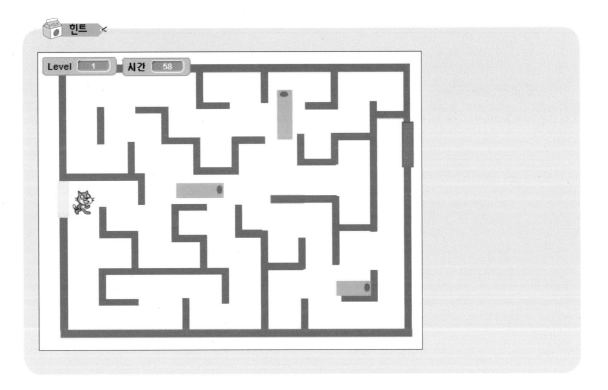

작품을 만들기 전에 한 번 생각해 봅니다. 아래 표에서 단계별 지침을 잘 읽고 '생각 적기'에 적어 보세요.

단계	지침	생각 적기
1단계 분석	이 작품의 주요한 동작은 무엇인가요? 그리고 결과는 무엇일까요?	
2단계 설계	진행할 순서를 적어 보세요. 자유롭게 적어 봅니다.	
3단계 구현	위에 설계한 내용을 스크립트 화면에 직접 블록을 쌓아서 만들어 보세요.	
4단계 수정	실행이 잘 되었나요? 안되었다면 무엇이 문제일까요? 잘 생각한 후 수정해 보세요.	
5단계 응용	실행이 잘 되었군요! 잘했습니다. 그럼 이 작품에 무엇을 더 추가해서 만들어 볼까요? 먼저 추가하고 싶은 내용을 적어 보세요. 그리고 스크래치에서 블록을 쌓은 후 실행해 보세요.	

우주전쟁이 시작되다!

배열을 이해할 수 있다.

 '연산' 블록과 '리스트'

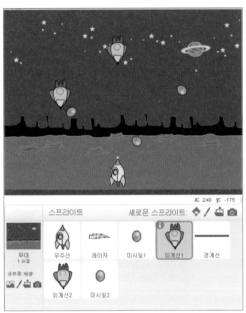

 학습 요소

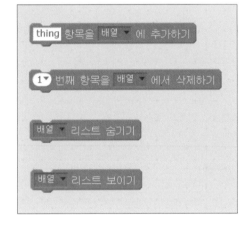

 체크포인트

미리 알아보기

배열에 대해서 알아 봅니다.

블록 익히기

1. 배열을 사용하여 값을 묻고 합계를 구해봅니다.
2. 공을 자유로운 각도로 움직이는 핑퐁게임을 만들어 봅니다.
3. 우주선이 레이저를 발사하도록 해봅니다.

생각하기

생각하기 1 – 캐니가 사과농장에서 사과를 받는 게임을 만들어 봅니다.

생각하기 2 – 펭귄이 주문한 메뉴를 자동으로 계산하는 프로그램을 만들어 봅니다.

내 작품 만들기

1. 우주전쟁이 시작되었습니다. 우주선과 외계선이 대결하는 게임을 만들어 봅니다.

배열(Array)이란 무엇인가?

배열이란 여러 개의 변수들을 모아놓은 것입니다. 즉, 변수들의 모임이라고 할 수 있어요. 10장에서 변수는 변하는 값으로 변수 이름을 만들어 변수 값을 넣을 수 있었습니다. 하나의 변수 이름에는 하나의 값만 들어 갈 수 있었죠! 배열은 하나의 배열에 여러 변수와 변수 값을 넣을 수 있습니다. 여기서 변수는 배열변수라고 합니다.

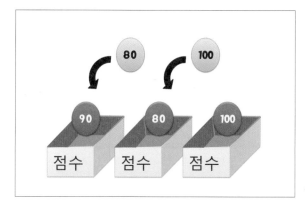

◀ 변수 '점수'일 경우

변수 '점수'에 하나의 값이 저장되고, 새로운 값이 들어오면 기존의 값은 삭제되고 새로운 값으로 대체됩니다.

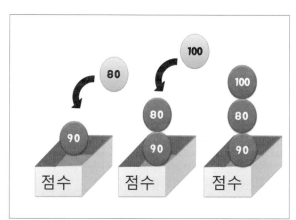

◀ 배열변수 '점수'일 경우

배열변수 '점수' 안에 입력되는 값이 차곡차곡 저장됩니다. 이렇게 쌓인 값을 '리스트'라고 부릅니다.

1. 배열을 사용하여 값을 묻고 합계 구하기

▶ 실습예제 : 실습예제 없음. 스크래치 처음화면에서 실습합니다.

01 이번 시간에는 배열(array)을 사용하는 코딩을 해 볼게요. 11장에서 배운 '블록익히기 1 더하기' 내 용이 기억나요? 아래 그림과 같은 블록이었습니 다. '숫자1', '숫자2'를 입력받고 '총점' 변수에 합 을 저장했습니다.

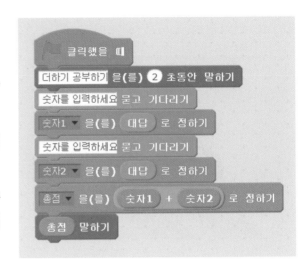

이번에는 3개의 수를 입력받아서 총점을 구하는데 '배열변수'를 이용해 볼게요.

'변수'는 변하는 값으로 하나의 값을 하나의 변수 에 저장하지만 배열은 여러 개의 값을 하나의 배열 에 저장할 수 있습니다.

TIP

'미리 알아보기'의 '배열'에 설명되어 있어요.

02 3개의 숫자를 입력받도록 하겠습니다. 그림처럼 '~번 반복하기' 블록을 이용하면 코딩이 간단해 지네요.

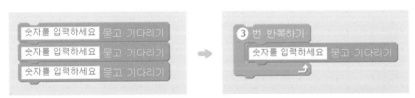

03 '데이터'에서 '리스트 만들기'를 클 릭하여 '리스트 이름'을 '합계목록' 이라고 적고 [확인]을 누릅니다.

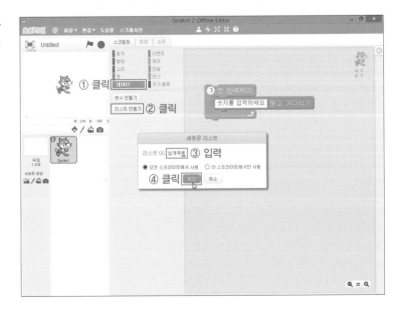

TIP

3개의 값이 저장되어야 하기 때문에 배 열를 사용해야 합니다.

04 '무대'에 배열상자가 삽입되었습니다. 데이터의 를 그림과 같은 위치에 삽입합니다. 그리고 입력받은 '대답'을 '합계목록' 배열에 추가해야하므로 'thing'이라는 부분에 '대답'을 삽입합니다.

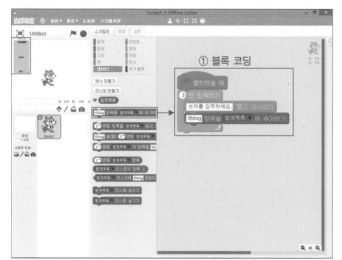
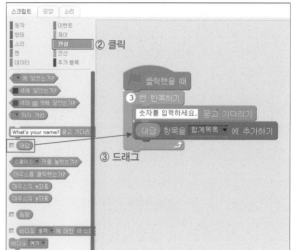

05 '녹색 깃발'을 눌러 실행볼게요. 여러분이 원하는 숫자를 입력한 후 Enter를 눌러보세요. '배열상자'에 입력된 값이 나열되는 것이 보입니다. 이와같이 '합계목록'이라는 배열에 3개의 값이 저장되었습니다.

 TIP

배열값을 삭제하고 싶을 때  블록을 클릭하면 됩니다.

06 이제 '합계'를 구하도록 블록을 더 추가해 볼게요. 더한 값을 저장한 '합계'라는 변수가 필요합니다. 입력된 숫자가 더해지고, 더해진 최종값이 '합계'에 저장되도록 해야 합니다.

'데이터 스크립트'에서 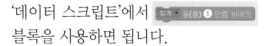 블록을 사용하면 됩니다.

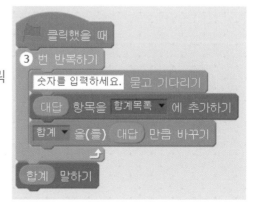

07 여기서 중요한 것이 있습니다. 아래 그림은 합계가 '55'여야 하는데 '110'으로 나온 것은 '합계'에 이미 값이 저장되어 있어서 입니다. 합계목록에는 삭제되었지만 앞에 입력했던 값들과 같이 더해져서 합계가 '110'으로 나온 겁니다. 그래서 합계목록에 보여지는 값만 합계를 원할 경우 '녹색 깃발'을 눌러 블록을 실행할 때 '합계' 변수에 입력된 값을 0으로 바꾸어주면 됩니다.

08  를 그림과 같은 위치로 블록을 가져옵니다. 합계목록에 저장된 값들도 삭제하기 위해 '데이터'에서 블록을 가져와 '모두'로 변경합니다.

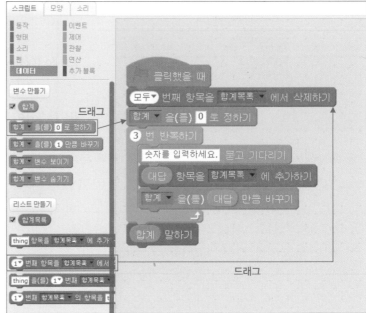

실력쑥쑥

배열 블록 모음

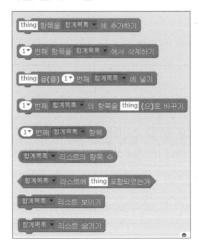

2. 공을 자유로운 각도로 움직여라

▶ 실습예제 : 12강 [블록익히기 2] 공을 움직여라

01 무대에서 공이 자유롭게 움직이도록 해볼게요. 어떻게 하면 될까요?

스프라이트 클릭

O2 그럼 패들에 닿았을 때 튕기도록 하려면 어떻게 할까요? '패들'에 닿았을 때 여러 각도로 방향을 회전한 후움직이도록 하면 되겠네요.

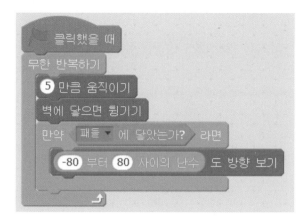

스프라이트 클릭

여기서 각도를 '–80~80'을 준 이유는 무엇일까요? 공이 패들에 닿았을 때 움직이는 방향은 A와 같습니다. 위쪽(0도), 왼쪽(–90도), 오른쪽(90도)이겠죠. 난수로 –90~90도를 지정해주면 그 사이에서 무작위로 각도가 정해집니다. 여기서는 좌우로 가면 게임 진행이 안되므로 왼쪽, 오른쪽에서 10도씩 뺀 –80~80도로 각도를 정했습니다.

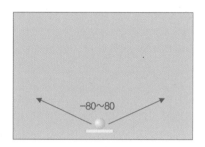

O3 스탑라인에 닿았을 때 게임이 멈추도록 해볼게요.

① 공이 처음 위치한 곳

O4 공이 위 중앙에서 시작되도록 해봅니다.

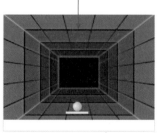

x: 240 y: –180

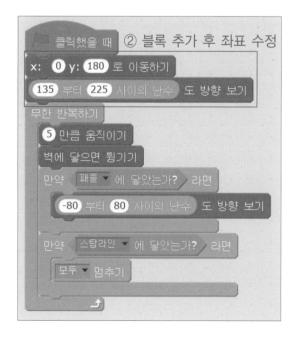

여기서 135~225 방향을 준 이유는?

공이 위 중앙에서 시작해서 아랫방향으로 떨어져야 합니다. 다음과 같은 방향으로 떨어지도록 하기위해서 135~225로 난수 범위를 지정하였습니다.

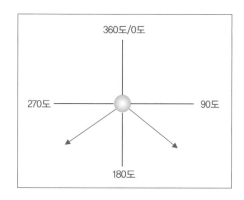
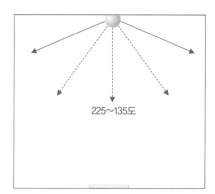

05 패들의 블록 코딩은 다음과 같습니다. x:0, y:-120은 패들이 위치하는 좌표를 지정한 것입니다. 마우스가 이동하는 X좌표값을 받아서 패들이 움직입니다.

06 볼이 빠르게 움직이도록 하고 싶다면 볼의 움직이는 숫자를 변경해 주세요. 이제 핑퐁 게임을 즐겨보세요!

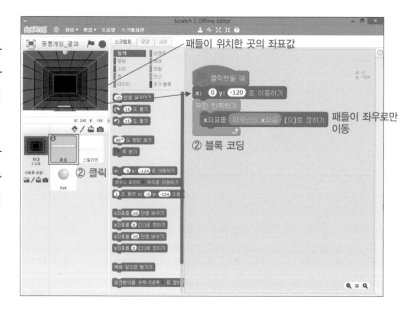

3. 레이저를 발사하라

▶ **실습예제 [블록익히기 3] 레이저를 발사하라**

01 먼저 비행기가 움직일 수 있도록 할게요. 우주선이 움직일 수 있도록 그림과 같이 블록을 쌓습니다.

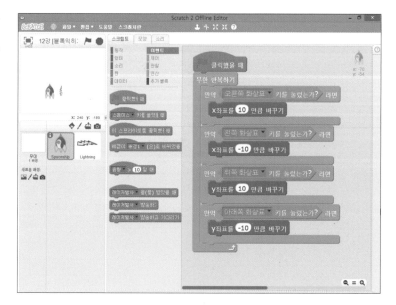

O2 비행기에서 레이저가 나올 수 있도록 하겠습니다. '우주선' 스프라이트에 다음과 같이 블록을 만들어 주세요.

O3 레이저 발사를 받았을 때 움직이도록 해볼게요. 다음 그림과 같이 블록을 쌓아보세요.

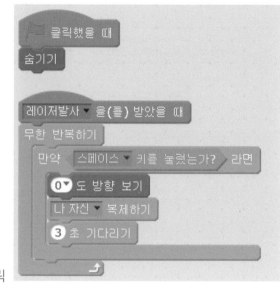

스프라이트 클릭

TIP

'0도 방향 보기' 블록을 삽입해야 레이저가 위쪽으로 발사됩니다.

O4 레이저가 복제되었을 때 실행될 동작에 대해 블록 코딩해 볼게요. 레이저는 비행기에서 발사되어야 하기 때문에 복제되었을 때 다음과 같이 블록을 쌓으면 레이저가 비행기 위치로 이동합니다.

O5 레이저가 벽에 닿았을 경우 복제본을 삭제하기 위해 다음과 같이 블록을 쌓아봅니다.

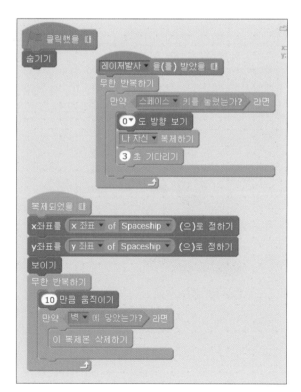

스프라이트 클릭

06 Space Bar 를 눌러보세요. 레이저가 비행기 중심에서 출발하여 위로 발사됩니다. 레이저를 비행기 앞쪽에서 발사하고 싶다면 레이저의 y축 값을 변경하면 됩니다. 우선 그림과 같이 비행기와 레이저를 위치시킨 후 비행기의 좌표와 레이저의 좌표를 확인합니다.

| x: 0 y: -106 로 이동하기 | x: 0 y: -58 로 이동하기 |

▲ 비행기 좌표   ▲ 레이저 좌료

07 약 48만큼의 차이가 나네요. 차이만큼 y좌표에 더해 줄게요. 여기서는 '50'만큼 더하겠습니다.

08 실행해 보세요. 이제는 레이지가 비행기 앞에서 발사되네요.

변수와 배열의 차이에 대해 알아보기

배열은 여러 변수 값을 가지고 싶을 때 배열을 사용하면 편리하다고 배웠습니다. 배열은 다른 프로그래밍 언어로 어떻게 표현하는지 알아보고 변수와의 차이점도 살펴보겠습니다.

프로그래밍에서는 변수와 배열변수를 선언하면 다음과 같습니다. (C언어일 경우)

변수	배열
int 컴퓨터점수=100;	int 컴퓨터점수[3]={90,80,100};

여기서 int 컴퓨터점수[3]={90,80,100}; 의 의미는 컴퓨터점수라는 배열변수를 만들고 3개의 저장 공간을 만들어 순차적으로 90, 80, 100을 넣으라는 의미에요. {90,80,100}처럼 하나 이상의 값을 { }(중괄호)에 나열한 것을 리스트라고 부릅니다.

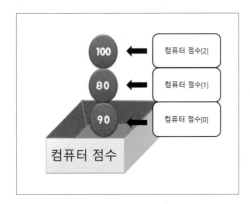

배열변수명 : 컴퓨터 점수

컴퓨터점수[0], 컴퓨터점수[1], 컴퓨터점수[2]는 저장 공간의 주소인 '메모리 주소'를 의미합니다.

컴퓨터점수[0]=90은 '컴퓨터점수'라는 배열의 0번지에 90을 넣어라'라는 의미입니다.

정리하면 배열은 하나의 변수에 값을 여러 개 지정하고 싶을 때 사용합니다. '배열변수이름을 주고 값을 입력하면 된다.'라고 생각하면 돼요.

그럼 배열을 왜 사용할까요?

지금과 같이 3명의 컴퓨터 점수를 입력하는 것을 변수로 사용하면 다음과 같습니다.

그런데 만약 우리반 전체의 컴퓨터 점수를 입력해야 한다면 변수 이름 100개를 만들어서 입력해줘야 할거에요. 그런데 배열을 사용하면 배열변수 하나만 사용하고 100명의 점수를 입력할 수 있습니다. 이럴 경우 배열을 사용하면 편리하겠죠!

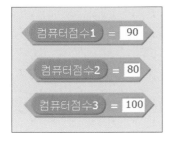

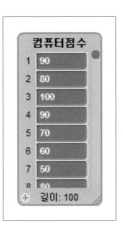

사과를 받아라!

▶ **실습예제:** 12강 [생각하기 1] 사과를 받아라

캐니가 부모님을 돕기 위해 사과농장에 왔습니다. 사과를 딴 개수만큼 부모님이 용돈을 주신다고 합니다. 캐니가 사과를 잘 받을 수 있도록 게임을 만들어 보세요.

동작

- 캐니는 왼쪽, 오른쪽 방향키로 움직입니다.
- 위에서 떨어지는 사과를 '바구니'에 받아야 합니다.
- 사과가 바구니에 닿거나 벽에 닿으면 사라집니다.
- 사과를 받으면 '사과갯수'가 1만큼 올라갑니다.
- 제한시간은 1분. 1분이 넘으면 게임은 중지됩니다. 1분 동안 00개를 받아야 캐니는 용돈을 받습니다.
- '사과'의 움직임은 무작위로 설정되도록 합니다.
- 위 동작이 들어가도록 게임을 만들어 주세요. 캐니의 대화내용이나 다른 동작을 코딩해도 좋습니다.

설계 순서

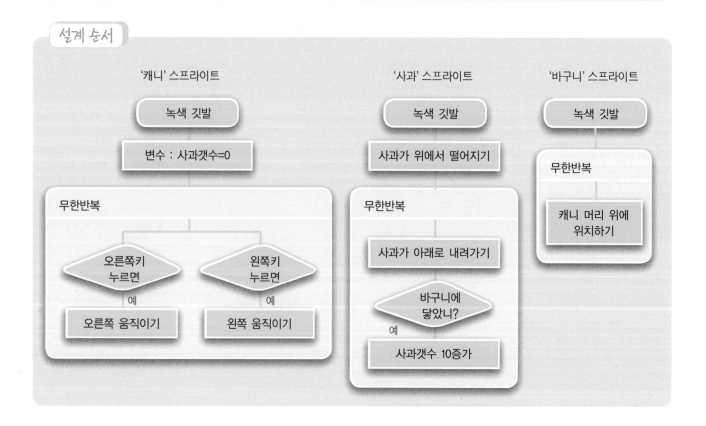

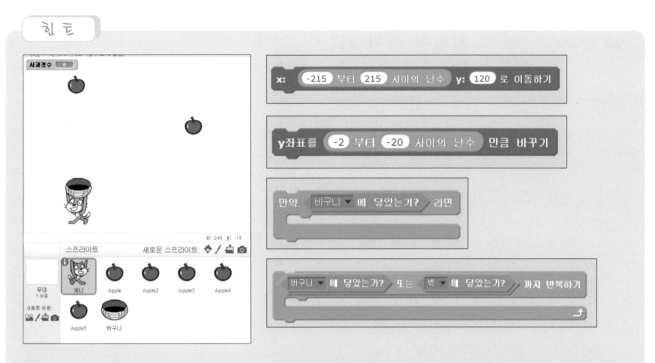

*캐니가 움직일 때 바구니가 따라서 움직이게 하려면 : 캐니 위에 바구니를 위치시킨 후 캐니의 좌표와 바구니의 좌표를 확인하고 좌표의 차이를 계산한다. 그 다음 아래 그림의 블록을 이용해서 캐니가 움직일 때마다 바구니가 따라가도록 지정한다.

분식집 계산하기

▶ 실습예제: 12강 [생각하기 2] 분식계산하기

‘스크래치 분식집’에 펭귄 손님이 찾아왔습니다. 펭귄이 주문하고 주인이 계산하도록 블록 코딩해 보세요.

동작

- ‘녹색 깃발’을 클릭했을 때 시작합니다. 먼저 주인이 인사를 합니다.
- 펭귄이 메뉴에서 원하는 음식을 클릭하면 배열상자에 음식의 가격이 표시됩니다.
- 변수는 ‘떡볶이’, ‘순대’, ‘튀김’, ‘합계’가 필요합니다.
- 각 변수에 값을 지정합니다. (떡볶이 = 1000, 순대 = 1000, 튀김 = 500)
- ‘합계’ 변수에는 배열변수에 입력된 값들이 더해진 값이 저장됩니다.
- 배열변수는 ‘계산대’로 선언합니다.

설계 순서

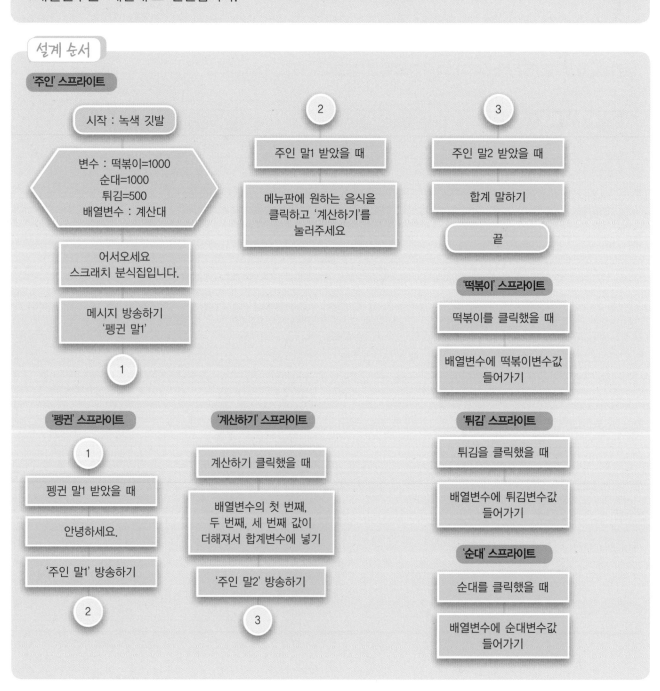

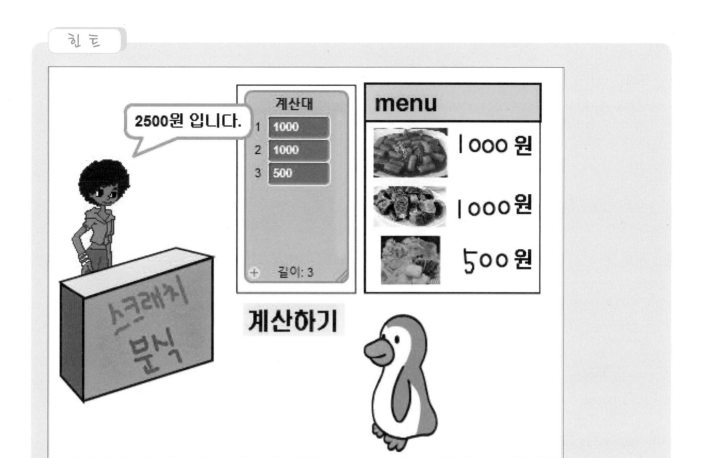

생각적기

01 생각하기 1 | 따라하기

OI '캐니' 스프라이트를 클릭한 후 다음과 같이 블록 코딩합니다. 캐니가 상하좌우로 움직이고 사과갯수의 값을 0으로 정해줍니다.

O2 '사과' 스프라이트를 클릭한 후 다음과 같이 블록 코딩합니다. 다른 사과에도 이 블록을 복사합니다.

> **TIP**
>
> X좌표에 '난수' 블록을 사용하여 사과가 떨어지는 위치를 다르게 합니다.
>
> '~초 기다리기'에 '난수' 블록을 사용하여 사과가 대기하는 시간을 다르게 합니다.
>
> Y좌표에 '난수' 블록을 사용하여 사과가 떨어지는 속도를 다르게 합니다.

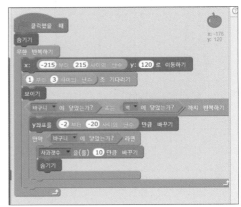

O3 '바구니' 스프라이트를 클릭하여 다음과 같이 블록 코딩합니다. 캐니가 움직일 때 바구니가 따라갑니다.

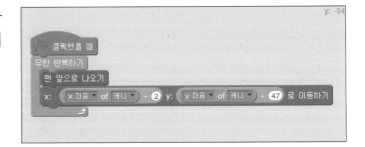

02 생각하기 2 | 따라하기

OI '주인' 스프라이트를 클릭한 후 다음과 같이 블록 코딩합니다.

시작할 때 '합계'를 0으로 만듭니다.

계산대 배열변수 값을 모두 삭제합니다.

떡볶이, 순대, 튀김의 값을 정해줍니다.

O2 '펭귄' 스프라이트를 클릭하여 블록 코딩합니다.

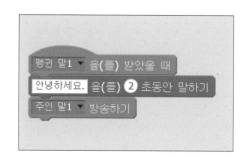

O3 '떡볶이'스프라이트를 클릭하여 블록 코딩합니다.

TIP

'떡볶이'의 값이 계산대 배열상자에 추가됩니다.

기존 '합계' 변수에서 '떡볶이' 값만큼 더해서 다시 '합계' 변수에 넣어줍니다.

O4 '순대' 스프라이트를 클릭하여 블록 코딩합니다.

TIP

'순대'의 값을 계산대 배열상자에 추가됩니다.

기존 '합계' 변수에서 '순대' 값만큼 더해서 다시 '합계' 변수에 넣어줍니다.

O5 '튀김' 스프라이트를 클릭하여 블록 코딩합니다.

TIP

'튀김'의 값을 계산대 배열상자에 추가됩니다.

기존 '합계' 변수에서 '튀김' 값만큼 더해서 다시 '합계' 변수에 넣어줍니다.

O6 '계산하기' 스프라이트에 다음과 같이 블록 코딩합니다.

내 작품 만들기

우주전쟁이 시작되다

▶ **실습예제 : 12강 [내 작품 만들기] 우주전쟁이 시작되다**

우주전쟁이 시작되었습니다. 하늘에서는 외계선이 미사일을 발사하며 내려옵니다. 우주선은 레이저를 발사하여 외계선을 격파해야 합니다. 과연 우주전쟁에서 이길 수 있을까요? 우주전쟁 게임을 만들어 보세요.

동작

- 우주선에서는 레이저가 발사됩니다.
- 발사된 레이저가 외계선을 맞추면 외계선은 사라집니다.
- 외계선은 하늘에서 내려오면서 미사일을 발사합니다.
- 미사일은 우주선을 향해서 발사되도록 합니다.
- 우주선의 목숨은 3개입니다. 변수를 이용하세요. 목숨은 우주선이 미사일을 맞거나 외계선에 닿을 때마다 하나씩 줄어듭니다. 목숨이 0이 되면 게임은 종료됩니다.

작품을 만들기 전에 한 번 생각해 봅니다. 아래 표에서 단계별 지침을 잘 읽고 '생각 적기'에 적어 보세요.

단계	지침	생각 적기
1단계 분석	이 작품의 주요한 동작은 무엇인가요? 그리고 결과는 무엇일까요?	
2단계 설계	진행할 순서를 적어 보세요. 자유롭게 적어 봅니다.	
3단계 구현	위에 설계한 내용을 스크립트 화면에 직접 블록을 쌓아서 만들어 보세요.	
4단계 수정	실행이 잘 되었나요? 안되었다면 무엇이 문제일까요? 잘 생각한 후 수정해 보세요.	
5단계 응용	실행이 잘 되었군요! 잘했습니다. 그럼 이 작품에 무엇을 더 추가해서 만들어 볼까요? 먼저 추가하고 싶은 내용을 적어 보세요. 그리고 스크래치에서 블록을 쌓은 후 실행해 보세요.	

교재로 채택하여 강의 중인 컴퓨터학원입니다.

[서울특별시]

한양IT전문학원(서대문구 홍제동 330-54)
유림컴퓨터학원(성동구 성수1가 1동 656-251)
아이콘컴퓨터학원(은평구 갈현동 390-8)
송파컴퓨터회계학원(송파구 송파동 195-6)
강북정보처리학원(은평구 대조동 6-9호)
아이탑컴퓨터학원(구로구 개봉1동 65-5)
신영진컴퓨터학원(구로구 신도림동 437-1)
방학컴퓨터학원(도봉구 방학3동 670)
아람컴퓨터학원(동작구 사당동 우성2차 09상가)
국제컴퓨터학원(서대문구 천연동 4)
백상컴퓨터학원(구로구 구로1동 314-1 극동상가 4층)
엔젤컴퓨터학원(도봉구 창2동 581-28)
독립문컴퓨터학원(종로구 무악동 47-4)
문성컴퓨터학원(동작구 대방동 335-16 대방빌딩 2층)
대건정보처리학원(강동구 명일동 347-3)
제6세대컴퓨터학원(송파구 석촌동 252-5)
명문컴퓨터학원(도봉구 쌍문2동 56)
영우컴퓨터학원(도봉구 방학1동 680-8)
바로컴퓨터학원(강북구 수유2동 245-4)
뚝섬컴퓨터학원(성동구 성수1가2동)
오성컴퓨터학원(광진구 자양3동 553-41)
해인컴퓨터학원(광진구 구의2동 30-15)
푸른솔컴퓨터학원(광진구 자양2동 645-5)
희망컴퓨터학원(광진구 구의동)
경일웹컴퓨터학원(중량구 신내동 665)
현대정보컴퓨터학원(양천구 신정5동 940-38)
보노컴퓨터학원(관악구 서림동 96-48)
스마트컴퓨터학원(도봉구 창동 9-1)
모드산업디자인학원(노원구 상계동 724)
미주컴퓨터학원(구로구 구로5동 528-7)
미래컴퓨터학원(구로구 개봉2동 403-217)
중앙컴퓨터학원(구로구 구로동 437-1 성보빌딩 3층)
고려아트컴퓨터학원(송파구 거여동 554-3)
노노스창업교육학원(서초구 양재동 16-6)
우신컴퓨터학원(성동구 홍익동 210)
무궁화컴퓨터학원(성동구 행당동 245번지 3층)
영일컴퓨터학원(금천구 시흥1동 838-33호)
셀파컴퓨터회계학원(송파구 송파동 97-43 3층)
지현컴퓨터학원(구로구 구로3동 188-5)

[인천광역시]

이컴IT.회계전문학원(남구 도화2동 87-1)
대성정보처리학원(계양구 효성1동 295-1 3층)
상아컴퓨터학원(계양구 계산3동 18-17 교육센터 4층)
명진컴퓨터학원(계양구 계산동 946-10 덕수빌딩 6층)
한나래컴퓨터디자인학원(계양구 임학동 6-1 4층)
효성한맥컴퓨터학원(계양구 효성1동 77-5 신한뉴프라자 4층)
시대컴퓨터학원(남동구 구월동 1225-36 롯데프라자 301-1)
피엘컴퓨터학원(남동구 구월동 1249)

하이미디어아카데미(부평구 부평동 199-24 2층)
부평IT멀티캠퍼스학원(부평구 부평5동 199-24 4, 5층)
돌고래컴퓨터아트학원(부평구 산곡동 281-53 풍성프라자 402, 502호)
미래컴퓨터학원(부평구 산곡1동 180-390)
가인정보처리학원(부평구 삼산동 391-3)
서부연세컴퓨터학원(서구 가좌1동 140-42 2층)
이컴학원(서구 석남1동 513-3 4층)
연희컴퓨터학원(서구 심곡동 303-1 새터빌딩 4층)
검단컴퓨터회계학원(서구 당하동 5블럭 5롯트 대한빌딩 4층)
진성컴퓨터학원(연수구 선학동 407 대영빌딩 6층)
길정보처리회계학원(중구 인현동 27-7 창대빌딩 4층)
대화컴퓨터학원(남동구 만수5동 925-11)
new중앙컴퓨터학원(계양구 임학동 6-23번지 3층)

[대전광역시]

학사컴퓨터학원(중구 석교동 68-12번지 2층)
대승컴퓨터학원(대덕구 법동 287-2)
열린컴퓨터학원(대덕구 오정동 65-10 2층)
국민컴퓨터학원(동구 가양1동 579-11 2층)
용운컴퓨터학원(동구 용운동 304-1번지 3층)
굿아이컴퓨터학원(서구 가수원동 656-47번지 3층)
경성컴퓨터학원(서구 갈마2동 1408번지 2층)
경남컴퓨터학원(서구 도마동 경남(아)상가 301호)
둔산컴퓨터학원(서구 탄방동 734 3층)
로얄컴퓨터학원(유성구 반석동 639-4번지 웰빙타운 602호)
자운컴퓨터학원(유성구 신성동 138-8번지)
오원김퓨티휙원(중구 대흥동 205-2 4층)
계룡컴퓨터학원(중구 문화동 374-5)
제일정보처리학원(중구 은행동 139-5번지 3층)

[광주광역시]

태봉컴퓨터전산학원(북구 운암동 117-13)
광주서강컴퓨터학원(북구 동림동 1310)
다음정보컴퓨터학원(광산구 신창동 1125-3 건도빌딩 4층)
광주중앙컴퓨터학원(북구 문흥동 999-3)
국제정보처리학원(북구 중흥동 279-60)
굿아이컴퓨터학원(북구 용봉동 1425-2)
나라정보처리학원(남구 진월동 438-3 4층)
두암컴퓨터학원(북구 두암동 602-9)
디지털국제컴퓨터학원(동구 서석동 25-7)
매곡컴퓨터학원(북구 매곡동 190-4)
사이버컴퓨터학원(광산구 운남동 387-37)
상일컴퓨터학원(서구 상무1동 147번지 3층)
세종컴퓨터전산학원(남구 봉선동 155-6 5층)
송정중앙컴퓨터학원(광산구 송정2동 793-7 3층)
신한국컴퓨터학원(광산구 월계동 899-10번지)
에디슨컴퓨터학원(동구 계림동 85-169)
엔터컴퓨터학원(광산구 신가동1012번지 우미아파트상가 2층 201호)

염주컴퓨터학원(서구 화정동 1035 2층)
영진정보처리학원(서구 화정2동 신동아아파트 상가 3층 302호)
이지컴퓨터학원(서구 금호동 838번지)
일류정보처리학원(서구 금호동 741-1 시영1차아파트 상가 2층)
조이컴정보처리학원(서구 치평동 1184-2번지 골든타운 304호)
중앙컴퓨터학원(서구 화정2동 834-4번지 3층)
풍암넷피아정보처리학원(서구 풍암 1123 풍암빌딩 6층)
하나정보처리학원(북구 일곡동 830-6)
양산컴퓨터학원(북구 양산동 283-48)
한성컴퓨터학원(광산구 월곡1동 56-2)

[부산광역시]

신흥정보처리학원(사하구 당리동 131번지)
경원전산학원(동래구 사직동 45-37)
동명정보처리학원(남구 용호동 408-1)
메인컴퓨터학원(사하구 괴정4동 1119-3 희망빌딩 7층)
미래컴퓨터학원(사상구 삼락동 418-36)
미래i컴퓨터학원(부산진구 가야3동 301-8)
보성정보처리학원(사하구 장림2동 1052번지 삼일빌딩 2층)
영남컴퓨터학원(기장군 기장읍 대라리 97-14)
우성컴퓨터학원(사하구 괴정동 496-5 대원스포츠 2층)
중앙IT컴퓨터학원(북구 만덕2동 282-5번지)
하남컴퓨터학원(사하구 신평동 590-4)
다인컴퓨터학원(사하구 다대1동 933-19)
자유컴퓨터학원(동래구 온천3동 1468-6)
영도컴퓨터전산회계학원(영도구 봉래동3가 24번지 3층)
동아컴퓨터학원(사하구 당리동 303-11 5층)
동원컴퓨터학원(해운대구 재송동)
문현컴퓨터학원(남구 문현동 253-11)
삼성컴퓨터학원(북구 화명동 2316-1)

[대구광역시]

네트CAD그래픽컴퓨터학원(달서구 상인동 725-3 10층)
해인컴퓨터학원(북구 동천동 878-3 2층)
셈틀컴퓨터학원(북구 동천동 896-3 3층)
대구컴퓨터학원(북구 국우동 1099-1 5층)
동화컴퓨터학원(수성구 범물동 1275-1)
세방컴퓨터학원(수성구 범어1동 371번지 7동 301호)
네트컴퓨터학원(북구 태전동 409-21번지 3층)
배움컴퓨터학원(북구 복현2동 340-42번지 2층)
윤성컴퓨터학원(북구 복현2동 200-1번지)
명성탑컴퓨터학원(북구 침산2동 295-18번지)
911컴퓨터학원(달서구 성당동 705-18번지 3층)
메가컴퓨터학원(수성구 신매동 267-13 3층)
테라컴퓨터학원(수성구 달구벌대로 3090)

[울산광역시]

엘리트정보처리세무회계(중구 성남동 청송빌딩 2층~6층)

경남컴퓨터학원(남구 신정 2동 명성음악사3,4층)

다운컴퓨터학원(중구 다운동 776-4번지 2층)

대송컴퓨터학원(동구 대송동 174-11번지 방어진농협 대송지소 2층)

명정컴퓨터학원(중구 태화동 명정초등 BUS 정류장 옆)

크린컴퓨터학원(남구 울산병원근처-신정푸르지오 모델하우스 앞)

한국컴퓨터학원(남구 옥동 260-6번지)

한림컴퓨터학원(북구 연암동 375-1 3층)

현대문화컴퓨터학원(북구 양정동 523번지 현대자동차문화회관 3층)

인텔컴퓨터학원(울주군 범서면 굴화리 49-5 1층)

대림컴퓨터학원(남구 신정4동 949-28 2층)

미래정보컴퓨터학원(울산시 남구 울산대학교앞 바보사거리 GS25 5층)

서진컴퓨터학원(울산시 남구 달동 1331-13 2층)

송샘컴퓨터학원(동구 방어동 281-1 우성현대 아파트상가 2, 3층)

에셋컴퓨터학원(북구 천곡동 410-6 아진복합상가 310호)

연세컴퓨터학원(남구 무거동 1536-11번지 4층)

홍천컴퓨터학원(남구 무거동(삼호동)1203-3번지)

IT컴퓨터학원(동구 화정동 855-2번지)

THC정보처리컴퓨터(울산시 남구 무거동 아이컨셉안경원 3, 4층)

TOPCLASS컴퓨터학원(울산시 동구 전하1동 301-17번지 2층)

[경기도]

샘물컴퓨터학원(여주군 여주읍 상리 331-19)

인서울컴퓨터디자인학원(안양시 동안구 관양2동 1488-35 골드빌딩 1201호)

경인디지털컴퓨터학원(부천시 원미구 춘의동 116-8 광덕프라자 3층)

에이팩스컴퓨터학원(부천시 원미구 상동 533-11 부건프라자 602호)

서울컴퓨터학원(부천시 소사구 송내동 523-3)

천재컴퓨터학원(부천시 원미구 심곡동 344-12)

대신IT컴퓨터학원(부천시 소사구 송내2동 433-25)

상아컴퓨터학원(부천시 소사구 괴안동 125-5 인광빌딩 4층)

우리컴퓨터전산회계디자인학원(부천시 원미구 심곡동 87-11)

좋은컴퓨터학원(부천시 소사구 소사본3동 277-38)

대명컴퓨터학원(부천시 원미구 중1동 1170 포도마을 삼보상가 3층)

한국컴퓨터학원(용인시 기흥구 구갈동 383-3)

삼성컴퓨터학원(안양시 만안구 안양1동 674-249 삼양빌딩 4층)

나래컴퓨터학원(안양시 만안구 안양5동 627-35 5층)

고색정보컴퓨터학원(수원시 권선구 고색동 890-169)

셀파컴퓨터회계학원(성남시 중원구 금광2동 4359 3층)

탑에듀컴퓨터학원(수원시 팔달구 팔달로2가 130-3 2층)

새빛컴퓨터학원(부천시 오정구 삼정동 318-10 3층)

부천컴퓨터학원(부천시 원미구 중1동 1141-5 다운타운빌딩 403호)

경원컴퓨터학원(수원시 영통구 매탄4동 성일아파트상가 3층)

하나탑컴퓨터학원(광명시 광명6동 374-10)

정수천컴퓨터학원(가평군 석봉로 139-1)

평택비트컴퓨터학원(평택시 비전동 756-14 2층)

[전라북도]

전주컴퓨터학원(전주시 완산구 삼천동1가 666-6)

세라컴퓨터학원(전주시 덕진구 우아동)

비트컴퓨터학원(전북 남원시 왕정동 45-15)

문화컴퓨터학원(전주시 덕진구 송천동 1가 480번지 비사벌빌딩 6층)

등용문컴퓨터학원(전주시 완산구 풍남동1가 15-6번지)

미르컴퓨터학원(전주시 덕진구 인후동1가 857-1 새마을금고 3층)

거성컴퓨터학원(군산시 명산동 14-17 반석신협 3층)

동양컴퓨터학원(군산시 나운동 487-9 SK5층)

문화컴퓨터학원(군산시 문화동 917-9)

하나컴퓨터학원(전주시 완산구 효자동1가 518-59번지 3층)

동양인터넷컴퓨터학원(전주시 완산구 삼천동1가 288-9번 203호)

골든벨컴퓨터학원(전주시 완산구 평화2동 893-1)

명성컴퓨터학원(군산시 나운1동792-4)

다울컴퓨터학원(군산시 나운동 667-7번지)

제일컴퓨터학원(남원시 도통동 583-4번지)

뉴월드컴퓨터학원(익산시 부송동 762-1 번지 1001안경원 3층)

젬컴퓨터학원(군산시 문화동 920-11)

문경컴퓨터학원(정읍시 연지동 32-11)

유일컴퓨터학원(전주시 덕진구 인후동 안골사거리 태평양약국 2층)

빌컴퓨터학원(군산시 나운동 809-1번지 라파빌딩 4층)

김상미컴퓨터학원(군산시 조촌동 903-1 시영아파트상가 2층)

아성컴퓨터학원(익산시 어양동 부영1차아파트 상가동 202호)

민컴퓨터학원(전주시 완산구 서신동 797-2번지 청담빌딩 5층)

제일컴퓨터학원(익산시 어양동 643-4번지 2층)

현대컴퓨터학원(익산시 동산동 1045-3번지 2층)

이지컴퓨터학원(군산시 동흥남동 404-8 1층)

비전컴퓨터학원(익산시 동산동 607-4)

청어람컴퓨터학원(전주시 완산구 평화동2가 890-5 5층)

정컴퓨터학원(전주시 완산구 삼천동1가 592-1)

영재컴퓨터학원(전라북도 완주군 삼례읍 삼례리 923-23)

탑스터디컴퓨터학원(군산시 수송동 827-10번지 강남빌딩 2층)

[전라남도]

한성컴퓨터학원(여수시 문수동 82-1번지 3층)

[경상북도]

현대컴퓨터학원(경북 칠곡군 북삼읍 인평리 1078-6번지)

조은컴퓨터학원(경북 구미시 형곡동 197-2번지)

옥동컴퓨터학원(경북 안동시 옥동 765-7)

청어람컴퓨터학원(경북 영주시 영주2동 528-1)

21세기정보처리학원(경북 영주시 휴천2동 463-4 2층)

이지컴퓨터학원(경북 경주시 황성동 472-44)

한국컴퓨터학원(경북 상주시 무양동 246-5)

예일컴퓨터학원(경북 의성군 의성읍 중리리 714-2)

김복남컴퓨터학원(경북 울진군 울진읍 읍내4리 520-4)

유성정보처리학원(경북 예천군 예천읍 노하리 72-6)

제일컴퓨터학원(경북 군위군 군위읍 서부리 32-19)

미림-엠아이티컴퓨터학원(경북 포항시 북구 장성동 1355-4)

가나컴퓨터학원(경북 구미시 옥계동 631-10)

엘리트컴퓨터외국어스쿨학원(경북 경주시 동천동 826-11번지)

송현컴퓨터학원(안동시 송현동 295-1)

[경상남도]

송기웅전산학원(창원시 진해구 석동 654-3번지 세븐코아 6층 602호)

빌게이츠컴퓨터학원(창원시 성산구 안민동 163-5번지 풍전상가 302호)

예일학원(창원시 의창구 봉곡동 144-1 401~2호)

정우컴퓨터전산회계학원(창원시 성산구 중앙동 89-3)

우리컴퓨터학원(창원시 의창구 도계동 353-13 3층)

웰컴퓨터학원(김해시 장유면 대청리 대청프라자 8동 412호)

이지컴스쿨학원(밀양시 내이동 북성로 71 3층)

비사벌컴퓨터학원(창녕군 창녕읍 말흘리 287-1 1층)

늘샘컴퓨터학원(함양군 함양읍 용평리 694-5 신협 3층)

도울컴퓨터학원(김해시 삼계동 1416-4 2층)

[제주도]

하나컴퓨터학원(제주시 이도동)

탐라컴퓨터학원(제주시 연동)

클릭컴퓨터학원(제주시 이도동)

[강원도]

엘리트컴퓨터학원(강릉시 교1동 927-15)

권정미컴퓨터학원(춘천시 후석로 246 4층)

형제컴퓨터학원(속초시 조양동 부영아파트 3동 주상가 305-2호)